Hannes Stauder

Skateboard Fahren

für Anfänger und Fortgeschrittene

Fachberatung: Ursula L. Franke
Karl-Heinz Magnus

Mit 173 Fotos,
davon 9 in Farbe, sowie 27 Skizzen

nymphenburger

Das Umschlagfoto zeigt Ursula L. Franke, Karl-Heinz Magnus und York Naylor vor der Kulisse des Münchner Olympiageländes.

Zeichnungen: Hannes Stauder

Die Außenaufnahmen stammen zum größten Teil von Hannes Stauder; der Rest und die Innenaufnahmen von Foto Sessner, Dachau.

Folgenden Firmen danken wir für ihre Unterstützung im Rahmen der Aufnahmearbeiten zu diesem Buch:
adidas Sportschuhfabriken, Adi Dassler KG, Herzogenaurach;
ASF – Artikel für Sport und Freizeit, Peter Eicker KG, Duisburg 1;
Fotohaus Sessner, Dachau;
GO-Sport, Gockel & Co. GmbH, München 2;
JOFA Freizeit GmbH, München 83;
Münchner Olympiapark GmbH, München 40;
PUMA Sportschuhfabriken KG, Herzogenaurach;
Fa. Wilhelm Sahlberg, Arbeitsschutzartikel – Sicherheitsgeräte, München 2;
Sarner Tirol GmbH + Co. KG, München 80;
Skateboard-Shop Koudelka, Feldafing.

Einbandgestaltung: Hansjörg Langenfass, Ismaning bei München, unter Verwendung eines Fotos von Hannes Stauder
Gesamtherstellung: Passavia Druckerei GmbH Passau
Printed in Germany
ISBN 3-485-01623-3

Inhalt

Einführung: Eine kleine Brettgeschichte

Frühjahr 1976: Die letzten Schneereste schmolzen dahin, gaben Wege, Straßen und Plätze frei. Die Sonne gewann zusehends an Kraft und ließ nach dem langen einfarbigen Winter neue bunte Kleckse auf der riesigen Landschaftspalette entstehen. Ein alljährlicher Vorgang – und dennoch kein Frühling wie in den Jahren zuvor: Ein Bazillus hatte um sich gegriffen – zunächst nur vereinzelt in wenigen Orten zwischen Flensburg und Oberstdorf, dann rascher und auch heftiger und schließlich innerhalb weniger Wochen in einem Ausmaß, das ohne jegliche Übertreibung als ausgesprochen epidemisch zu bezeichnen war. Der „Krankheitserreger" kam, wie manche seiner artverwandten Vorgänger, auch diesmal aus den Vereinigten Staaten. Sein äußeres Erscheinungsbild: Ein zwischen fünfzig und hundert Zentimeter langes schmales Brettchen, versehen mit vier kleinen, beweglich gelagerten Rädern. Seine amerikanischen Väter gaben ihm den Namen Skateboard, eine Bezeichnung, die sich auch hierzulande hielt; „Rollbrett" (als exakte Übersetzung) hatte nie eine echte Chance, heimisch zu werden.

Die Auswirkungen des Skateboard-Fiebers waren überall dieselben: Pennäler und Manager, Profisportler und Freizeit-Trimmer, Vorschüler und Muttis – sie alle klemmten sich spontan dieses sonderbare Brett unter den Arm, strömten in Scharen und fiebrig auf die nächstgelegene Skateboard-Piste, stellten sich auf das rollende Gefährt und fanden irgendwie talwärts damit. Das Erstaunliche dabei: Alle hatten einen riesigen Spaß daran. Wer von dem Fieber erst einmal befallen war, kam nicht mehr davon los. Die Freude kecker Vorreiter wurde binnen Jahresfrist zum Gaudium Unzähliger, aus dem Geheimtip erwuchs der Sport-Hit – und ehe Betroffene wie Außenstehende das rollende Geschehen zu erfassen begannen, fanden sie sich bereits inmitten der unaufhaltsam vordringenden Modewelle namens Skateboard-Fahren. Das Fieber griff in derart kurzen Zeitspannen um sich, daß für viele das Wort

Boom die Situation nur äußerst unzureichend zu charakterisieren vermochte.

Wie auch immer: Skateboard-Fahrer sind inzwischen auf Bürgersteigen, Straßen und Plätzen zu einem vertrauten Anblick geworden. Geblieben ist allen dasselbe: Die schier unbegrenzte Begeisterung für ihre Disziplin, der manche Zeitgenossen bereits das Attribut Volkssport verliehen haben. In der Tat ist das Lauffeuer Skateboard-Fahren durch nichts und niemanden mehr zu löschen. Wodurch und wozu auch? Wer sollte Einwände haben können gegen die ungezählten Anhänger eines Freizeitspaßes, der seinesgleichen sucht?

BAYERISCHE MOTOREN WERKE AG

Noch sind die ersten Schritte ein bißchen unbeholfen – aber Spaß macht es schon.

Seine erste Jugend erlebte das Skateboard, wie gesagt, nicht in hiesigen Breiten und auch nicht erst vor kurzem. Seine Wiege stand vor vielen Jahren in den Vereinigten Staaten. Die Eltern sind nicht recht bekannt, wohl aber Verwandte, die die Patenschaft für den hoffnungsvollen Sprößling übernommen hatten. Wellenreiter waren es, die sich wohl eines allzu nassen Tages nicht ganz unberechtigt fragten, warum ihr Brettsport lediglich im Wasser auszuüben sei. Nicht, daß ihnen der bis ins 12. Jahrhundert zurückreichende Geschicklichkeitstest auf den tosenden Brandungswellen urplötzlich nicht mehr zugesagt hätte. Nur: Ihnen lag daran, diesen faszinierenden „Ritt" auch außerhalb des nassen Elements fortsetzen zu können. Und so „gebaren" kalifornische Wellenreiter das Surfbrett zu Lande: eine Patenschaft, die sich in dem mitunter gebrauchten Begriff „Asphalt-Surfing" immer wieder anschaulich bemerkbar macht.

Der relativ weite und beschwerliche Weg von Kaliforniens Gestaden herüber in bundesdeutsche Breiten wurde erstaunlich rasch und dann auch nachhaltig überwunden: In Deutschland stationierte US-Soldaten waren die Wegbereiter. Ein paar G.I., die vom Heimaturlaub zurückkehrend ein Skateboard im Fluggepäck mitführten, reichten aus, um die ersten Anstöße für einen ausgesprochenen Breitensport zu liefern. Berlin, Heidelberg und Bad Tölz – um nur einige Städte mit US-Garnisonen zu nennen – können so gesehen mit Fug und Recht als erste Skateboard-„Zellen" bezeichnet werden.

Das Brett von ehedem hat mit seinem neuzeitlichen Vetter allenfalls noch die Form gemeinsam: Waren es anfangs noch zerbrechliche Holzbretter (nur Wohlhabende konnten sich die Mahagoni-Ausführung leisten) mit harten, rutschanfälligen Metall- oder Hartgummirädern, so präsentieren sich die neuen Boards vor allem mit unterschiedlich breiten Kunststoffrädern auf beweglich gelagerten Gelen-

ken. Seitdem also der strapazierfähige und elastische Kunststoff alle ungeeigneten Radmaterialien abgelöst hat, verläuft der weltweite Skateboard-Boom stetig und unaufhaltsam.
Im Mutterland der hierzulande noch jungen Sportart ist Skateboard-Fahren nicht nur ein Nationalsport, sondern eine bunte Show – mit all den Merkmalen, mit denen unsere Freunde in der Neuen Welt derlei Modewellen auszustatten pflegen. (Ganz abgesehen davon, daß die Fahrer der amerikanischen Skateboard-Szene gegenüber ihren meisten ausländischen Kollegen einen nur schwer einholbaren Vorsprung aufweisen.) So existiert in den USA, ähnlich wie beim Surfen und Drachenfliegen, eine Skateboard-Industrie beachtlichen Ausmaßes: Viele Dutzend Hersteller produzieren jährlich mehrere Millionen Bretter. Nationale und internationale Wettbewerbe sind beinahe an der Tagesordnung. Die Stars dieser Meisterschaften kassieren mitunter beachtliche Siegprämien und werden von vielen Tausend Zuschauern stürmisch gefeiert. Die Bretter werden in leeren Swimmingpools, Entwässerungsanlagen, Staudämmen oder Kanälen gefahren, wobei die „Piloten" in der Steilwand liegen. Auf besonderen Abfahrtspisten erzielen die Fahrer auf überlangen Brettern mit windschlüpfrigen Aufbauten Geschwindigkeiten bis zu 80 Meilen (rund 130 km/h). Der offiziell anerkannte Geschwindigkeitsweltrekord lag 1976 bei knapp 94 km/h – aufgestellt von dem kalifornischen Profi Guy Grundy. Findige Konstrukteure erdachten und bauten obendrein verwirrende Anlagen, die in einer Art Labyrinth alle nur denkbaren Skateboard-Möglichkeiten zulassen.
Das amerikanische „Skateboarder-Magazine" erscheint sechsmal pro Jahr, jeweils mit einer Auflage von annähernd 200000 Exemplaren. US-Mannequins präsentieren die neuesten Kreationen bei exclusiven Modenschauen bisweilen auf eben jenen rollenden Brettern. Beziehungsreich bedruckte

Skateboard-Shops schießen aus dem Boden. Dieser ist, zumindest nach den Worten seines Inhabers, der erste Deutschlands.

T-Shirts und Mützen, Poster, Jacken und Anstecknadeln – eine bunte, gutsortierte und organisierte Zubehörindustrie innerhalb des gesamten Skateboard-Marktes begleitet unüberseh- und -hörbar den Boom, denn schließlich pfeifen, summen oder trällern Hunderttausende von Skateboard-Besessenen ihre maßgeschneidert-komponierte Hymne, deren Refrain unmißverständlich auffordert: „Grab your board and go sidewalk surfing with me!" („Schnapp dir dein Brett und komm mit zum Skateboardfahren!")
Zubehörindustrie, Meisterschaften, ein paar Profis – die Vermarktung des Skateboard-Sports gibt es auch hierzulande. Inmitten dieses Geschehens wird der Durchschnittsfahrer seinen Standort suchen und finden – vor allem aber seine Begeisterung beibehalten und steigern. Sie zu ergründen, haben schon

viele Sport- und Freizeitexperten versucht. Woran liegt es tatsächlich, daß man vom Skateboard-Fieber befallen wird? Was macht den unleugbaren Reiz aus? Aus einer bunten Fülle unterschiedlichster Vermutungen haben sich im Laufe der Zeit einige wenige zu klaren Erkenntnissen erhärtet. Da ist zunächst einmal die Freude an der Bewegung, einer Bewegung, die übrigens dem Wedeln auf Skiern im Tiefschnee oder auf Pisten sehr ähnlich ist: „Asphalt-Wedler" als Kosename für die Skateboard-Fahrer kommt demzufolge nicht von ungefähr. Auch wassermüde Windsurfer sehen im Skateboard-Fahren einen willkommenen Ausgleichssport zu Lande – ebenso wie ihre Kollegen aus der Schlittschuh-, Wasser- und Trickski-Szene.
Dann besticht ohne Zweifel das Unaufwendige: Ein Skateboard ist eine relativ preiswerte, vor allem aber günstige Anschaffung, weil es praktisch nicht verschleißt. Eine teure Ausrüstung ist nicht notwendig, eine geeignete Piste ohne viel Mühe im Grunde überall zu finden. Der Skateboard-Fahrer ist unabhängig von Wasser und Wind, benötigt weder Schlepplift noch Seilbahn, braucht kein Transportmittel für sein Brett und kann überall kostenlos skaten.
Entscheidend ist sicherlich auch, daß Rollbrettfahrer fast keinerlei Reglementierungen unterliegen. Wer einmal die Grundbegriffe der Technik beherrscht, weil er den Bewegungsablauf durchschaut und erkannt hat, kann sein Brett fahren und bewegen, wie es ihm die Phantasie eingibt. Die Brett-Spezialisten – und das ist, last but not least, wohl der Charme des Skateboard-Fahrens schlechthin – bewegen sich in der Tat weit entfernt vom geschniegelten Alltag, sie stehen vielmehr inmitten der verwaschenen Jeans-Mentalität. Ein überaus lässiger Sport also.
Was zusätzlich reizvoll ist: Man braucht nicht lange, um ihn zu erlernen. Ein paar Versuche mit entsprechender Anleitung – und schon zieht man seine ersten Kurven. Wer höhere Skateboard-Sprossen erklimmen will (und wer will das nicht?), braucht nicht nur eine gute Kondition sowie ein ausgeprägtes Bewegungsgefühl – er muß vor allen Dingen auch üben. Wer diese Voraussetzungen erfüllt, wird sich zusehends in den unterschiedlichsten Skateboard-Disziplinen zurechtfinden und wohlfühlen.

Dem Anfänger die ersten Skateboard-Weihen, dem Fortgeschrittenen weiterführende und vertiefende Tips und Tricks zu geben, ist das Ziel dieses Buchs,

Von welchem Alter an kann man Skateboard-Fahren? Nun, der zehnjährige Florian ist schon mit Eifer und vor allem Freude bei der Sache.

wobei die Autoren unter der Voraussetzung an die Arbeit gegangen sind, beiden – Anfängern wie Fortgeschrittenen – die Freude an dieser begeisternden Sportart zu erhalten und zu vergrößern. Spaß an der Freude sollten nicht zuletzt auch all die haben, die Skateboard-Meisterschaften bzw. -Veranstaltungen ausrichten und durchführen oder daran teilnehmen. Auch für sie enthält dieses Buch wesentliche Hinweise – Hinweise, Tips, Tricks und Regeln übrigens, die sich an den Erkenntnissen, Erfahrungen und Regeln der „United States Skateboard Association" (USSA) und des „Dachverbandes Deutscher Skateboardfahrer" (DDS) orientieren.

Eines ist im Buch freilich nicht enthalten: Die Antwort auf die immer wieder gestellte Frage, ab und bis zu welchem Alter Skateboard-Fahren erlaubt bzw. empfohlen wird. Nun: Erlaubt ist, was gefällt. Aber nicht alles, was gefällt, kann auch mit Nachdruck empfohlen werden. Mit anderen Worten: Es gibt auf Skateboards sechsjährige Akrobaten ebenso wie

Noch einmal Glück gehabt – der Sturz ging glimpflich ab.

zehnmal so alte Großväter, die manch rollendem Twen den Schneid abkaufen. Im Grunde aber sollten nur diejenigen Rollbrett fahren, die ihre Bewegungen kontrolliert koordinieren können (also etwa ab dem achten Lebensjahr) bzw. noch ausreichend fit und beweglich sind, um im Notfall richtig und spontan reagieren zu können.
Damit soll nun keineswegs gesagt sein, daß Skateboard-Fahren ein gefährlicher Sport ist. Sicherlich: Bei mehreren der Asphalt-Wellenreitern geht es – im Falle eines Falles – mit Hautabschürfungen und Prellungen allein nicht ab. Der Ritt auf dem Board hatte für manch einen böse Folgen. Daraus aber den Schluß zu ziehen, Skateboard-Fahren sei gefährlich, wie es warnende Kritiker mitunter tun, ist mehr als voreilig und unbegründet. Gewiß: Der Asphaltsurfer ist schmerzhafteren Stürzen ausgesetzt als sein Kollege auf Skiern oder dem Windsurfboard. Sturzgefährdet aber rollt nur der, der schlecht, falsch oder gar nicht vorbereitet ist. Spektakuläre Unfälle sind ohne Zweifel nicht dazu angetan, die Zukunft des Skateboard-Sports von allen Seiten her abzusichern, ihn mit uneingeschränkter Sympathie aufzunehmen und zu begleiten. Das Sturz- und damit das Verletzungsrisiko durch sinnvolle und zielgerichtete Vorbereitung zu mildern (ganz läßt es sich freilich nie ausschalten) – auch dazu will dieses Buch beitragen.

Nun denn: „Grab your board and go sidewalk surfing with me!" Dieser Aufforderung nachgekommen zu sein – noch niemand hat es bislang zu bereuen gehabt, auch der nicht, der die Erweiterung dieses nagenden Ohrwurms beherzigt, die da in etwa lauten könnte: „Schnapp dir dein Brett, komm mit zum Skateboard-Fahren – und hol dir Tips und Anregungen aus diesem Buch!" Skateboard-Fahren nimmt unter allen Sportarten so gesehen nämlich keine Sonderstellung ein: Je breiter das Grundwissen, je gesicherter die Erfahrungen, desto nachhaltiger die Begeisterung bei allen Asphalt-Wedlern bzw. Straßensurfern – den Skateboard-Fahrern eben.

Anfängern noch nicht zu empfehlen: Der Weitsprung über mehrere Hindernisse hinweg. ▶

Das Skateboard

Wer heute die Skateboard-Abteilungen der Sport- bzw. Kaufhäuser aufsucht, steht einem schier unüberschaubar-verwirrenden Angebot gegenüber. Das betrifft Ausführungen, Farben und Formen ebenso wie Material und damit natürlich auch den Preis des Bretts. Welches Board taugt nun für welchen Zweck? Soll es ein rotes oder ein grünes sein? Aus durchsichtigem Plexiglas oder dezentschimmerndem Aluminium? Sind dafür fünfzig oder an die dreihundert Mark zu berappen? Begründbare Ratlosigkeit macht sich unter denen breit, die ohne jegliche Vorkenntnisse ein Brett aussuchen und kaufen sollen bzw. möchten und auf die Hilfe fachkundigen Bedienungspersonals nicht zurückgreifen können.
Nun, so unterschiedlich in den Funktionen, gewollt ausgefallen in Design und Aufmachung oder einfach nur verwirrend bunt sich das Brett-Sortiment auch darbieten mag – alle auf dem Markt befindlichen Skateboards lassen sich samt und sonders auf drei Hauptbestandteile zurückführen: auf das Brett

Nur ein Bruchteil des verwirrenden Angebots an Skateboards, das heute auf dem Markt ist.

selbst, dann die Räder und schließlich die Achsen. Sich die wesentlichsten Merkmale und Eigenschaften dieser drei Bausteine zu vergegenwärtigen, ist ohne jeden Zweifel dazu angetan, etwas Licht in das Dunkel von einigen Dutzend verschiedener Skateboards zu bringen.

Das Board

Man könnte es schlicht Brett oder Board nennen, wenn sich nicht auch die Begriffe Standfläche oder Basis eingebürgert hätten. Im Englischen spricht man von *plank.*

Material

Sechs Materialien haben sich mehr oder weniger durchgesetzt. Sie unterscheiden sich insbesondere durch den Grad ihrer Flexibilität. Flexible Boards können heftige Bewegungen auffangen und ausgleichen; auf härteren Brettern läßt sich dagegen die geringste Fahrerbewegung direkt übertragen.
Plastikboards werden gerne von Anfängern gekauft – nicht zuletzt deshalb, weil sie relativ preiswert sind. Es gibt sie in einer Unmenge lustiger Farben. Sie sind jedoch nur begrenzt flexibel und verlieren nach einiger Zeit ihre Spannung. Überdies sind sie temperaturanfällig: bei Kälte starr und leicht zerbrechlich, bei hohen Temperaturen dehnen sie sich aus und verlieren ihre Stabilität.
Das durchsichtige *Plexiglas* ist sehr nachgiebig. Es eignet sich also nur für leichtgewichtige Fahrer. Auf Plexiglas sieht man jeden Kratzer. Darüber hinaus

Plastikboards

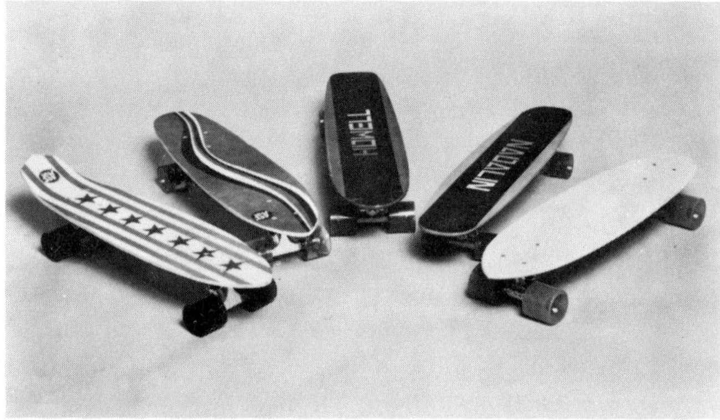

Fiberglasboards

erzeugen die Bohrungen für die Basisplatte unter Spannung Risse im Brett.
Boards aus *Fiberglas* sind im Grunde überaus elastisch. Achten Sie schon beim Kauf darauf, daß die einzelnen Schichten des Fiberglasboards fest aufeinander haften. Blasen oder Aussparungen sind verdächtig und fördern den Verschleiß.
Viele Rollbrettfahrer bevorzugen *Holzboards.* Wichtig in jedem Fall: Die Bretter müssen aus einem Stück gefertigt sein. Am besten eignet sich Eichen- oder Eschenholz. Sperrholz- oder Spanplatten sind ungeeignet, da sie sehr anfällig gegen Feuchtigkeit sind und obendrein rasch zerbröckeln bzw. sich abreiben.

Hervorragend in den Fahreigenschaften, aber auch nicht billig: das Holzboard.

Holz-Fiberglasgeschichtet.

Holzboards sind kaum elastisch, reagieren aber schon auf die geringste Bewegung des Fahrers.
Holz-Fiberglas geschichtet (Laminat): Hierunter sind Bretter mit abwechselnden Schichten aus dünnem hartgepreßtem Holz und Fiberglas zu verstehen. Diese Werkstoffkombination gewährt etwas mehr Flexibilität als das Brett aus purem Holz – vereint also die besten Eigenschaften von Holz und Fiberglas. Das laminierte Board zählt zu den besten auf dem Markt und ist entsprechend teuer.
Aluminiumboards sind leicht, elastisch, unzerbrechlich und recht robust.

Elegant in der Aufmachung, ansprechend in den Eigenschaften: das Aluminiumboard.

Das PU-geschäumte Brett: geringes Gewicht, absolut bruchfest.

Hinweis:
Da auch minderwertige Materialien angeboten werden, sollte man vor dem Brettkauf (natürlich nur mit dem Einverständnis des Verkäufers) mit beiden Füßen auf das Board springen. Nur ein qualitativ gutes Brett nimmt nach dieser Extrembelastung sofort wieder die anfängliche Normalform ein.

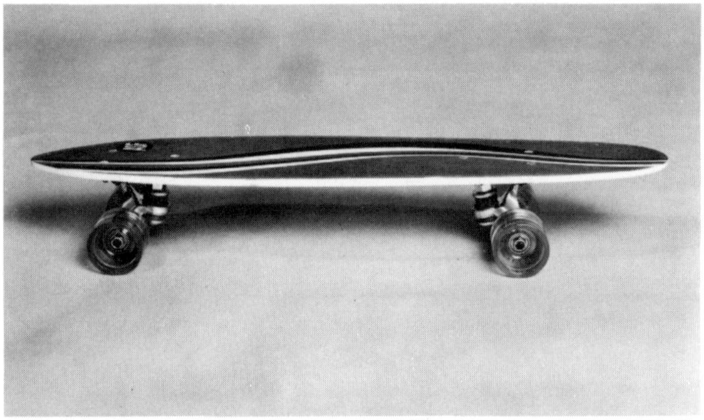

Flache Boards sind gute Allroundbretter.

Fast exotisch in der Form – das ausgeschnittene Slalombrett.

Gut für manche Trickübungen: das Doppel-kick-board.

Formen

Flache Boards sind gute Allroundbretter und für jede Disziplin geeignet. Länge: ca. 60–70 cm. Je länger das Brett, desto stabiler das Fahrverhalten. Deshalb eignen sich *flache lange Bretter* besonders gut für Abfahrten. Länge: ca. 75 cm und mehr. *Ausgeschnittene Boards (cutaway)* sind im Achs- und Radbereich schmal, in der Mitte normal breit. Die Räder liegen frei beweglich, können also bei extremer Gewichtsverlagerung nicht am Brett schleifen. Deshalb eignen sich ausgeschnittene Boards besonders für Slalom. *Aufgebogene Boards (Kickboards)* sind Bretter, deren Ende etwas aufgebogen ist (Kick = Tritt). Sie bieten besonders dem Anfänger einen besseren Halt auf dem Brett. Boards mit einem Kick erleichtern anfänglich auch die ersten Trickübungen. Die anspruchsvolleren Tricks aber werden durch ein Brett mit einem bzw. zwei Kicks (Doppel-Kick) erschwert bzw. beschränkt.

Die Räder

Bei den Rollen oder Rädern (engl. Wheels) hat die Technologie gegenüber den Rädern alter Prägung (Metall, Plastik, Gummi etc.) entscheidend Neues anzubieten: Die Wheels bestehen heute fast ausnahmslos aus Urethan. Nicht nur für den chemisch-physikalisch Interessierten: Urethan ist ein plastischer Kunststoff, der aus Kohle, Wasser und Stickstoff gewonnen wird. Dieses neue Material ist relativ elastisch, aber dennoch sehr widerstandsfähig und damit haltbar. Es garantiert gute, vor allem ruhige Laufeigenschaften. Und was entscheidend ist: Urethanräder gewährleisten auch in extremen Situationen ausgezeichnete Bodenhaftung, zum Beispiel bei Kurvenfahrten in technisch anspruchsvollem Steilgelände.

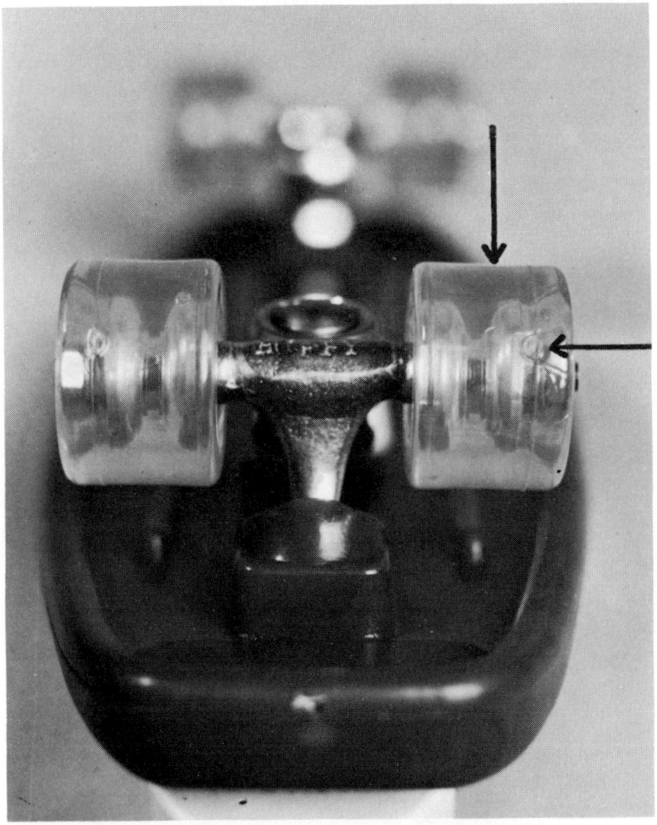

Gespritzte Räder erkennt man deutlich an den runden Einspritzstellen und an bisweilen durchhängenden Laufflächen (Pfeile).

Gegossene Räder.

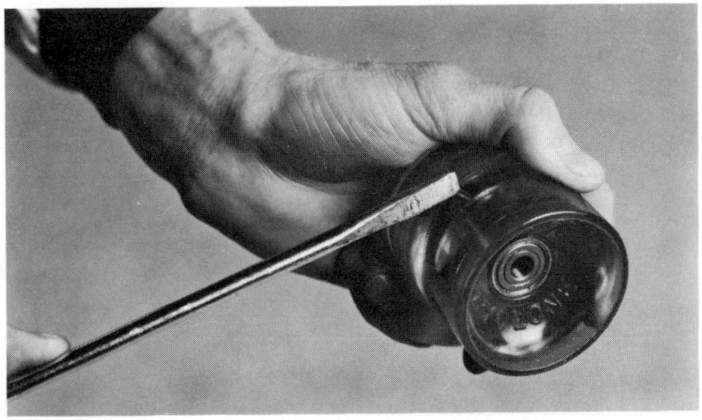

Die Radqualität kann (und sollte) man mit dem sog. Schraubenzieher-test prüfen.

Produktionsverfahren/Qualität

Gespritzte Räder kann man an Einspritzstellen am Radrand, bisweilen auftretenden eingeschlossenen Luftblasen und in der Mitte durchhängenden Laufflächen (Einsackungen) erkennen. Diese Einsackungen bewirken, daß das Rad nicht mit der gesamten Lauffläche aufliegt: Die benötigte Bodenhaftung ist also nicht mehr voll gegeben. Bei *gegossenen Rädern* gibt es keine Lufteinschlüsse. Die Lauffläche ist eben, die Haftung gewährleistet. Klare, durchsichtige oder gleichmäßig gefärbte Räder zeugen von guter Qualität. Beim Kauf kann man die Radqualität testen: Mit einem Schraubenzieher kurz, aber fest in das Rad drücken. Ein gutes, gegossenes Urethanrad beult sich umgehend wieder von allein aus.

Räder in unterschiedlichster Form und Qualität. Der Skater kann aus einem vielfältigen Angebot wählen, das jeder Disziplin und jedem persönlichen Wunsch gerecht wird.

Typen

Derzeit produzieren einige Dutzend Hersteller rund 300 verschiedene Räder, die sich durch Form (Abmessungen) und Qualität unterscheiden. Die Radqualität wirkt sich unmittelbar auf die Bodenhaftung aus. Entscheidend ist hierbei der Härtegrad des Urethans. Er ist neben der Materialbeschaffenheit auch abhängig von der Außentemperatur: Bei Kälte erhärtet sich das Material (geringe Bodenhaftung), bei Wärme wird es weich (bessere Bodenhaftung). Breite Räder haften verständlicherweise besser, zeigen aber auch ein anderes Kurvenverhalten als schmale Wheels. So gilt die recht allgemeine Faustregel: *Jede Disziplin (Slalom, Abfahrt, Freestyle) erfordert unterschiedliche Radbreiten.*

Das Anfängerbrett sollte zunächst mit mittelbreiten Rädern ausgerüstet sein. Da die allermeisten Räder genormt sind, ist ein späteres Umrüsten auf andere Radbreiten völlig problemlos.

Schmale kleine Räder sind recht preiswert und sollten ebenso wie die mittelbreiten Räder dem Anfänger genügen. Sie werden von Freestyle-Skatern bevorzugt. Bei Geschwindigkeit bieten sie jedoch nicht genügend Haftung. *Mittelbreite Räder* haben ausreichend Bodenhaftung und gute Fahreigenschaften für Freestyle und Slalom. Aufgrund ihrer größeren Auflagefläche, Laufruhe und Bodenhaftung werden *breite Räder* gerne für Abfahrten, Riesenslalom und das sog. Pumpen (siehe Seite 76) verwendet. *Superbreite Räder* gewährleisten zwangsläufig die beste Bodenhaftung. Boards mit diesen Rädern eignen sich deshalb besonders für Abfahrten und für das Windskaten.

Schmale kleine Räder sollten für das Anfängerbrett genügen.

Gute Bodenhaftung gewährleisten breite Räder.

Kugellager

Die Skateboard-Räder laufen auf Kugellagern. Angeboten werden in der Regel offene oder geschlossene Kugellager. Bei den *offenen Kugellagern* liegen die Kugeln in den Lagern ungeschützt, nehmen mit der Zeit Staub und Schmutz auf – müssen also regelmäßig gereinigt werden. Jedes Rad hat 16 Kugeln, jeweils acht auf einer Seite. (Manche Hersteller weichen von dieser Norm ab und versehen ihre Produkte mit neun oder auch mehr Kugeln.) Bei den *geschlossenen Kugellagern* unterscheidet man zwei Typen. Das vollständig geschlossene Kugellager ist mit ausreichend Schmiermittel versehen. Es benötigt fast keinerlei Wartung, ist aber auch teurer als ein offenes Kugellager. Der zweite Typ ist eine Weiterentwicklung des oben bezeichneten Lagers: Der Staubdeckel ist abnehmbar. Gelegentliche Reinigung und Fettung ist dadurch möglich und notwendig, durch die wenigen Bauelemente aber recht einfach.

Offene Kugellager erfordern regelmäßige Reinigung.

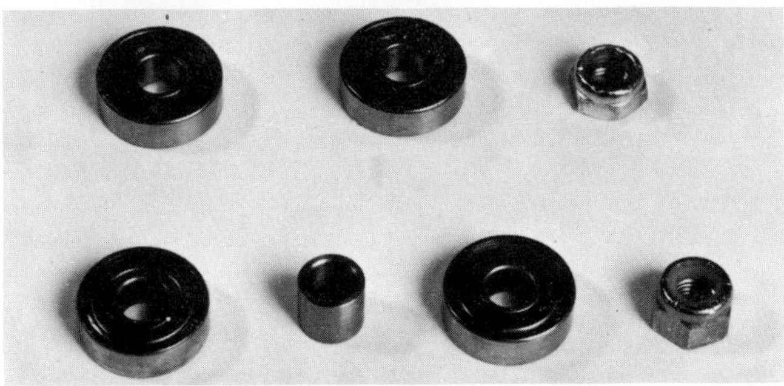

Geschlossene Kugellager sind weitgehend wartungsfrei.

Hinweis:
Manche Hersteller bieten auch Kugellager aus Plastik an. Solche Lager sind nicht zu empfehlen: Sie halten den Beanspruchungen durch die unter Druck rotierenden Kugeln schon nach kurzer Zeit nicht mehr stand und verschleißen.

Kugellager müssen immer aus Metall sein.

Die Achsen

Achsaufhängung und Achsen werden auch hierzulande üblicherweise mit dem englischen Ausdruck „Truck" bezeichnet. Die besten Skateboard-Achsen sind aus Gußmetall oder Stahl. Entscheidend ist, daß die Achsen einwandfrei gegossen sind, da sie sonst leicht brechen. Die Trucks werden in den unterschiedlichsten Breiten hergestellt und angeboten. Dabei gilt: *Je schmäler die Achse, desto leichter ist die Drehung des gesamten Boards auszulösen,* denn bei einer kurzen Achse ist automatisch auch der Abstand zwischen den beiden daran befestigten Rädern geringer. Breite Achsen dagegen erschweren zumindest leichte Boarddrehungen, sorgen also für eine stabilere und ruhige Fahrt. Dem Anfänger sollte fürs erste die normal breite Achse genügen. Er wird damit ohne Zweifel alle Manöver ausführen können.

Wer über die anfänglichen Rollversuche hinaus ist und sich zusehends verbessert, sollte sich die Faustregel merken:

> Schmale Trucks (ca. 11 cm) für Trickübungen
> Mittelbreite Trucks (ca. 13–15 cm) für alle Disziplinen
> Breite Trucks (ca. 18 cm und breiter) für Abfahrt und Slalom

Welches Skateboard sollte sich der Anfänger kaufen?

Wenn man alle bisher genannten Eigenschaften und nicht zuletzt auch den Preis berücksichtigt, so ergibt sich für das Anfängerboard folgender Steckbrief:

Brettmaterial:	Fiberglas, Aluminium
Form:	Ein-Kick-Board
Länge:	ca. 60–70 cm
Achsmaterial:	Stahl oder Gußmetall
Achsbreite:	mittel
Radmaterial:	Urethan
Radbreite:	mittel
Kugellager:	offen oder geschlossen
Kugellager-material:	Metall – auf keinen Fall Plastik!

Mit dieser Skateboard-Art bzw. -Qualität ist jeder Anfänger bestens ausgerüstet. Obendrein ist ein solches Brett von seinen Eigenschaften her betrachtet vielseitig verwendbar, also ein typisches Allroundbrett.

Je gekonnter, anspruchsvoller und trickreicher aber ein Rollbrettfahrer mit zunehmender Routine fahren wird, desto häufiger und dringender stellt sich die Frage nach dem speziellen „Zweitbrett". Nun, erfahrene Skateboard-Hasen besitzen genau das Brett, das dem beabsichtigten Zweck, den Vorstellungen und Zielen, vor allem aber dem eigenen Können entspricht. So ist es denn fast unmöglich, an dieser Stelle individuelle Tips oder spezielle Empfehlungen zu geben. Bislang konnte noch jeder Skateboard-Fahrer zu seinem persönlichen, das heißt ihm gemäßen Brett finden. Wie es dann letztendlich aussieht, ist nicht nur eine Frage des Geschmacks oder Temperaments. Das Skateboard des Fortgeschrittenen berücksichtigt insbesondere dessen Disziplinwünsche, und so kann es eigentlich gar nicht verwun-

dern, daß manche Rollbrettfahrer mehrere Skateboards besitzen: Für jeden Zweck das geeignetste.
Im Grunde aber ist es mit dem schon erwähnten Allroundbrett auch getan, denn jedes Brett läßt sich zumindest im Achsen- und Räderbereich mit wenigen Handgriffen umrüsten: Mit schmalen Achsen und Rädern zu einem leicht drehbaren Trickbrett, mit breiten Trucks und Wheels zu einem stabilen und laufruhigen Abfahrtsbrett. Wer allerdings trotz ausgiebiger Suche nicht das ihm gemäße Brett findet (derlei Individualisten sind gar nicht einmal so selten), kann sich sein Traumboard auch selbst zusammenstellen bzw. -basteln: Achsen und Räder gibt es in allen Ausführungen einzeln zu kaufen, und die Herstellung eines Bretts dürfte dem geübten Hobbybastler nicht sonderlich schwerfallen. So ist jede nur denkbare Kombination möglich. Dem Erfindergeist, aber auch der berechtigten Freude über eine gelungene Eigenkonstruktion steht nichts im Wege.
Wer immer auf Fertigbretter verzichtet: Fehler beim Eigenbau können nicht nur kostspielig, sondern auch gefährlich werden. Die selbstgefertigte Konstruktion ist also sehr sorgfältig zu planen und ebenso konzentriert durchzuführen.
Eines jedoch kann kaum empfohlen werden: Auf irgendein rasch geschnitztes Fichtenbrettchen die Achsen und Räder ausrangierter Rollschuhe zu montieren. So akrobatisch sich die Besitzer dieser Selfmade-Boards auf ihren pfiffigen „Holzdampfern" auch bewegen mögen – die Möglichkeiten gegenüber einem Brett mit beweglichen Achsen und Urethanrädern sind doch sehr viel begrenzter, und damit ist auch der Spaß beim Fahren geringer, vom weitaus höheren Sicherheitsrisiko ganz zu schweigen. Rollschuhachsen und -räder am Skateboard erweisen sich deshalb als gänzlich ungeeignet, weil die Stoßdämpfer nicht ausreichend zu verstellen, die Achsen zu schwach und die Radabstände meist viel zu gering sind. Überdies sind die Räder außen abgerundet und bieten somit keineswegs hinreichende Gewähr für sichere Bodenhaftung.

Nicht empfehlenswert: das Fichtenbrett mit Rollschuhachsen bzw. -rädern.

So viel Sympathisches an den individuellen Bastlern auch sein mag: Ungeeignete Werkstoffe und Konstruktionsbausteine sollten sie tunlichst nicht verwenden. „Vom Rollbrett zum Rollstuhl", so formulierte es kürzlich ein Experte, „ist der Weg bei ungeeigneten Materialien nicht weit." Ein sehr drastischer Hinweis – aber sicherlich kein unberechtigter.

Checkliste für den Skateboard-Kauf

- Die Schrauben, die die Basisplatte halten, sollten durch das Brett gebohrt sein: Nur so ist eine feste Verbindung von Basisplatte und Board gewährleistet. Obendrein können die Schrauben nicht ausschlagen und bei Bedarf immer wieder nachgezogen werden. Die Schrauben sollen im Board versenkt sein, damit die Schraubenköpfe den Fahrer nicht behindern.
- Die seitlichen Brettkanten sollten abgerundet, also nicht scharfkantig (wie bei manchen gegossenen Plastikbrettern) sein. Scharfe Kanten bedeuten eine erhebliche Verletzungsgefahr.

- Fiberglasbretter dürfen keine Blasen oder Aussparungen aufweisen. Die einzelnen Fiberglasschichten müssen fest aufeinander haften.
- Holzboards sollten aus einem Stück gefertigt sein. Am besten eignen sich Eiche, Esche oder Mahagoni. Die Fasern des Holzes müssen immer in der Längsrichtung verlaufen.
- Vor jedem Brettkauf behutsam den Sprungtest machen. (Vorher den Verkäufer fragen!)

Nur mit der Kontermutter kann die Achsbeweglichkeit verändert werden.

Urethanplatten werden zwischen Board und Basisplatte geschraubt.

- Alle Muttern müssen gesichert sein (Beilagscheibe oder gekontert).
- Darauf achten, daß die Achse mit einer Kontermutter ausgerüstet ist. Ohne Kontermutter kann die Achsbeweglichkeit nicht verändert werden.
- Die Räder müssen einzeln abnehmbar sein.
- Die Basisplatte sollte nach Möglichkeit auf einer Gummi- oder Urethanplatte gelagert sein.
- Die Lauffläche der Räder darf nicht durchhängen. Eingesackte Räder haften nicht ausreichend.
- Das Rad soll aus klarem, bei farbigen Ausführungen aus leuchtend sauberem Urethan bestehen. Es darf keine Lufteinschlüsse aufweisen.
- Schraubenziehertest durchführen.
- Kugellager müssen grundsätzlich aus Metall sein.
- Die Kugellager müssen auseinandernehmbar sein.

Bemerkungen:
Es ist zweckmäßig, vor dem Brettkauf möglichst viele Informationen einzuholen, beispielweise durch Prospekte oder bei Skateboard-Freunden. Ebenso empfiehlt es sich, beim Skateboard-Händler genügend Bretter auszuprobieren: Nur viele Vergleiche führen letztlich zu dem Board, das einem zusagt und gemäß ist. Das preiswerteste Angebot ist nicht unbedingt das billigste. Gute, das heißt funktionstüchtige und langlebige Qualität ist zwar etwas teurer, auf lange Sicht aber fährt man günstiger damit.

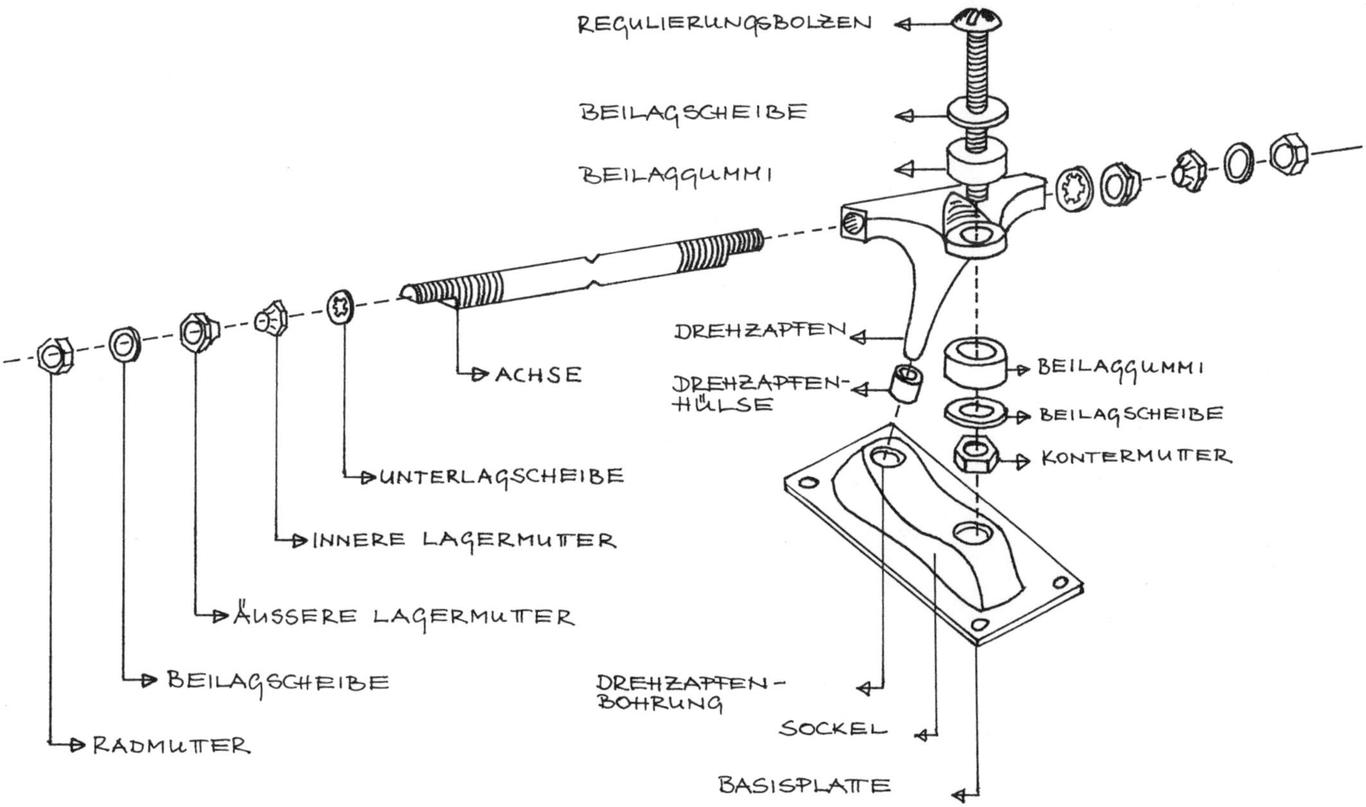

Das „Innenleben" einer Standardachse mit offenen Kugellagern.

Funktion der Einzelteile

Wie wirken nun die genannten Bestandteile zusammen?

Die Achse mit den beiden Rädern ist durch den Regulierungsbolzen in der Basisplatte verankert. Mit der Kontermutter kann Druck auf die beiden Beilaggummi ausgeübt werden. Je fester die Kontermutter angezogen wird, desto stärker werden die Beilaggummi zusammengedrückt.

Starker Druck auf die Beilaggummi bedeutet geringe Achsbeweglichkeit.

Geringe Achsbeweglichkeit erzeugt stabile Laufeigenschaften, wie sie insbesondere bei Geschwindigkeit und Abfahrt gefordert werden. Kurvenfahren ist dagegen erschwert.

> Schwacher Druck auf die Beilaggummi bedeutet große Achsbeweglichkeit.

Große Achsbeweglichkeit wird besonders beim Kurvenfahren (Slalom) und bei allen Freestyleübungen benötigt.
Achsenbreite (Radabstand) und -beweglichkeit bestimmen also primär das Fahrverhalten des Skateboards – wenn man von den Einflußmöglichkeiten des Fahrers selbst einmal absieht. Die Beweglichkeit der Achse, die ja auf den Druck des Fahrer-Körpergewichts anspricht, ermöglicht letztlich die Lenkung des Boards.

Die weich eingestellte Achse reagiert schon auf geringen Druck.

Dem Anfänger kann die Faustregel genannt werden: *Zunächst die Beweglichkeit der Achse in mittlerer Stellung halten.* So bleiben die Fahreigenschaften sowohl in Kurven wie bei Abfahrten angemessen. Fortgeschrittene Skateboard-Fahrer erkennen schnell die Möglichkeiten, durch wenige Montage-Handgriffe die Achsbeweglichkeit dem beabsichtigten Zweck anzupassen.

Anmerkungen:
Radmuttern sind bei der überwiegenden Mehrzahl der Skateboard-Fabrikate genormt und mit einem Skateboard-Schlüssel (Wrench) zu verstellen. Die

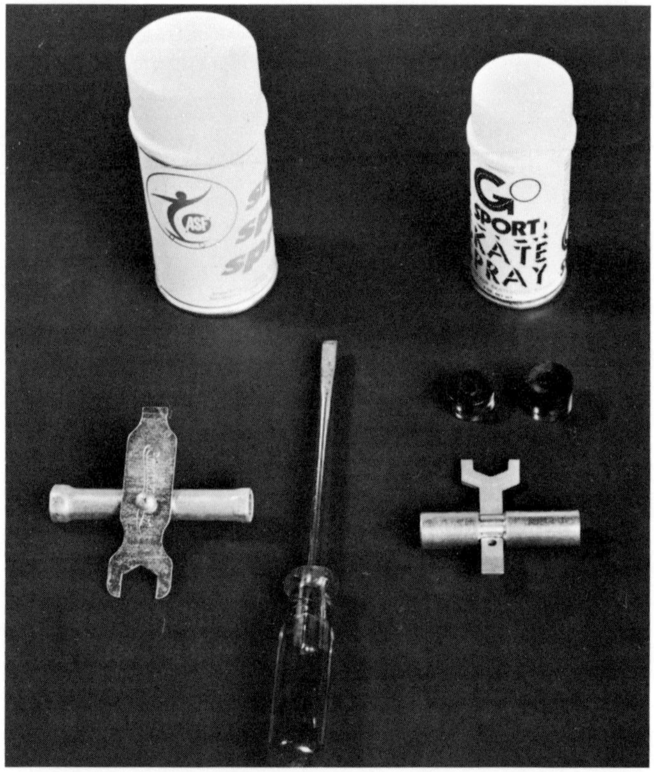

Sinnvolles Werkzeug bzw. Pflegemittel: Wrench, Spray, Schraubenzieher.

Kontermutter ist ebenfalls genormt und mit dem Wrench verstellbar. Sie muß immer auf dem Sockel der Grundplatte aufliegen. (Nicht alle Trucks sind mit einer verstellbaren Kontermutter ausgerüstet. Um die Achse individuell einstellen zu können, ist auf die Kontermutter im Grunde nicht zu verzichten.) Der *Drehzapfen* sollte nicht zu dünn sein, weil er sonst den Beanspruchungen nicht standhält. Überdies muß die Drehzapfenhülse aus Gummi sein (Ausnahme: Stahltrucks). Fehlt die Drehzapfenhülse, würde der blanke Drehzapfen in der blanken Drehzapfenbohrung reiben. Ein rascher Verschleiß wäre die Folge.

Pflege und Wartung

Jedes technische Sportgerät bedarf der regelmäßigen und gründlichen Pflege; das Skateboard macht hier keine Ausnahme. Nur ein gut gepflegtes Rollbrett wird den Ansprüchen des Fahrers gerecht. Regelmäßige Pflege zählt zu den wesentlichen Sicherheitsvorkehrungen. Verschlissene Kugellager, zerriebene Beilaggummi, fehlender Gummi in der Zapfenbohrung oder lockere Schrauben an der Basisplatte stellen in jedem Fall ein höheres Sturz- und Verletzungsrisiko dar. Pflege und Wartung können es ohne Zweifel mindern. Nicht zuletzt sparen sie dem Fahrer viel Geld: Ersatzteile sind immer teurer als regelmäßige Pflege.

Offene Kugellager niemals ölen!

Öl bindet Staub- und Schmutzteilchen im Lager: Kugeln samt Lager werden aufgerieben. Zur Schnellpflege der Lager eignet sich ölfreies Skateboard-Spray (ebenso wie Graphitstaub im Handel erhältlich), das durch den Druck des Einsprühens und durch die Flüssigkeit Staub und Schmutz aus den Lagern wäscht.

Nach etwa fünf Fahrstunden sollte man Kugeln und Lager gründlich reinigen. Dazu nimmt man die Räder ab, wäscht die Kugeln in Seifenlauge und reinigt die Lager. Beschädigte, also nicht mehr gute Kugeln müssen durch neue ersetzt werden. Dabei ist darauf zu achten, daß immer acht Kugeln im Lager liegen (bzw. genau die Anzahl, die der Hersteller ursprünglich vorgesehen hat).

In der Regel sind geschlossene Kugellager mit ausreichend Schmiermittel versehen. Sie gelten als wartungsfrei. Geschlossene Kugellager niemals in Reinigungsbenzin legen: Das Schmiermittel würde herausgewaschen werden, die Lager wären bald unbrauchbar. Laufen Räder mit geschlossenem Kugellager nicht mehr einwandfrei, müssen je nach Typ entweder die Lager ersetzt oder nach Abnehmen des Staubdeckels die Lager gereinigt und neu gefettet werden.

Die Räder sollten regelmäßig ausgetauscht werden, und zwar: vorne rechts gegen hinten links, vorne links gegen hinten rechts. Dadurch vermeidet man eine einseitige Abnützung. Dennoch bleibt es nicht aus, daß sich Räder nach einer gewissen Zeit abfahren: Man wird dies an einer geringeren Bodenhaftung des Boards spüren oder bei der Brettinspektion feststellen, wann die Zeit für einen neuen Satz Räder gekommen ist.

Die Piste

Sobald die Kaufentscheidung für ein Skateboard gefallen ist und die neue Errungenschaft gleichermaßen stolz wie sorgfältig nach Hause getragen wird, hält es den angehenden Brettspezialisten verständlicherweise nicht mehr in den eigenen vier Wänden. Er geht auf Reviersuche, sofern an oder nahe seinem Wohnort nicht ohnehin schon eine bewährte und bekannte Piste zur Verfügung steht. Freilich würde sich kein angehender Skateboard-Fahrer einen Gefallen tun, unmittelbar dort zu starten, wo die Profis seit langem trainieren.

Die ersten Versuche sollten Sie immer auf ebenem Gelände unternehmen.

Wie aber muß die Rollbrettpiste beschaffen sein? Zunächst ist ein möglichst glatter Untergrund wich-

Beim ersten Versuch: Wer zieht hier wen?

tig. So gesehen eignen sich asphaltierte oder betonierte Plätze. Dann sollte das Gelände sauber sein, im Besonderen frei von Steinen, und seien sie noch so winzig. Der routinierte Skateboard-Fahrer geht immer zunächst sein Revier ab und kann es notfalls mit einem kleinen Besen, der mit zur Ausrüstung zählen sollte, entsprechend säubern, denn selbst bzw. gerade bei geringer Geschwindigkeit blockieren auch die unscheinbarsten Hindernisse die Skateboard-Räder – ein Sturz ist oft nicht mehr zu vermeiden. Überdies ist darauf zu achten, daß die Piste trocken ist. Ein feuchter oder gar nasser Untergrund gewährleistet die benötigte Bodenhaftung nicht mehr.

Grundsätzlich gilt: Nur auf unbelebtem, übersichtlichem und für Kraftfahrzeuge gesperrtem Gelände fahren. Unpassend, weil gefährlich, sind Pisten, die seitlich durch Mauern, Stacheldrahtzäune und dergleichen begrenzt sind. Am besten eignen sich also freiliegende, von uneingezäunten Wiesen umgebene Gelände. Nicht überall lassen sie sich finden, nicht immer werden alle Voraussetzungen erfüllt. Dennoch: Von der Beschaffenheit der Skateboard-Piste hängt (besonders für den Anfänger) einiges ab. Das nächstbeste Gelände ist sicherlich nicht das geeignetste. Daher kann die ausgedehnte Suche nach dem passenden Trainingsgelände zeitaufwendig verlaufen, natürlich aber auch lohnend sein. Ist man fündig geworden, empfiehlt sich eine kurze Vorsprache beim Eigentümer des Platzes bzw. bei der zuständigen Gemeinde- oder Stadtverwaltung. Eine höfliche Anfrage kostet nichts und wird erfahrungsgemäß nicht negativ beantwortet. Unerlaubte „Besitzergreifung" aber kann den nachhaltigen Verlust des schönsten Skateboard-Geländes bedeuten. Zusammenfassend also gilt:

Die Geländeoberfläche sollte immer
- glatt
- sauber
- trocken

sein.

Jeder Skateboard-Fahrer sollte vor jedem Start klären,
- ob er auf dem erwählten Gelände fahren darf,
- ob das Gelände den Sicherheitsanforderungen entspricht.

Nur für den Fotografen machte Jungskater Matthias keinen größeren Bogen um die Fußgänger.

Anmerkungen:
Sollte sich tatsächlich kein für Kraftfahrzeuge gesperrtes Gelände finden lassen, dann gilt für die auf solchen Straßen und Plätzen übenden Skateboard-Fahrer: *Immer zuerst sichern und dann fahren.* Das Rollgeräusch offener Radlager ist nämlich mitunter lauter als ein herannahendes (und noch nicht sichtbares) oder auch nachfolgendes Auto. Da es Einzelgänger im Skateboard-Sport so gut wie nicht gibt, kann und sollte die Pistensicherung in der Gruppe arbeitsteilig übernommen werden.* Regel: Wer gerade nicht fährt, übernimmt für die Skater die Überwachung des Geländes. Dabei hat sich ein gellender Pfiff als bestes Mittel zur rechtzeitigen Warnung für eventuell gefährdete Skateboard-Fahrer bewährt.

Soweit Allgemeines zum Stichwort Piste. Detailliertere Informationen, beispielsweise über spezielle Beschaffenheit oder Neigungswinkel, gehen den einzelnen Übungen bzw. Spezialdisziplinen der nachfolgenden Kapitel voran.

* Alleine zu skaten macht nicht nur wenig Spaß, sondern ist auch nicht ratsam: Dem gestürzten und eventuell verletzten Skater sollte immer rasch geholfen werden können.

Der Skateboard-Fahrer

Skateboard-Fahren ist nicht ausschließlich eine Frage des Alters, sicherlich aber abhängig von einer sportlichen Grundhaltung des einzelnen Rollbrettfahrers. Und dies wiederum bedeutet im Klartext:

Jeder Skateboard-Anfänger sollte eine gute Kondition mitbringen.

Wer beruflich am Schreibtisch „festgenagelt" ist, dürfte auf Anhieb nicht geeignet sein. Wer aber prinzipiell sportlich veranlagt ist, beruflich bedingten Bewegungsmangel durch zwischenzeitliche Gymnastik ausgleichen kann und Freude an jeglicher „Frischluftbetätigung" hat, kann sich getrost dem neuen Freizeitvergnügen Skateboard-Fahren hingeben.
Die ideale Vorbereitung für alle Manöver auf dem Rollbrett ist ohne Zweifel das Training durch eine sinnvolle Skigymnastik, wie sie heute u. a. in beinahe jedem Sportverein angeboten wird. Der Bewegungsablauf beim Skifahren ist dem beim Rollbrettfahren sehr ähnlich. Gute Skifahrer werden in der Regel auch exzellente Skateboard-Experten. Wer die Vorgabe des Skifahrens nicht mitbringt, ist vom Rollbrett-Spaß jedoch keineswegs ausgeschlossen, sollte aber dieses Defizit durch zielgerichtete Gymnastik, am besten eben durch Skigymnastik, ausgleichen.
Skateboarding beinhaltet zwar Elemente vieler Sportarten, ist aber vollkommen eigenständig. Es fordert vom Fahrer spezifische Bewegungen. Die Möglichkeiten reichen vom geruhsamen Freizeitspaß bis hin zum Leistungssport. Daher ist es ratsam, ebenso wie bei allen anderen Sportarten, auch beim Skateboard-Fahren zunächst mit den grundlegenden Übungen zu beginnen. Von überaus seltenen Naturtalenten einmal abgesehen, sollte dieser Tip von allen Anfängern beherzigt werden: Im eigenen Interesse und dem gesamten Skateboard-Sport zuliebe. Diese Rücksicht birgt nämlich zweier-

lei Vorteile in sich: Zum einen kann man den Körper behutsam steigernd an die neuen Bewegungen, aber auch Beanspruchungen gewöhnen. Zum anderen ist eine wachsende Vertrautheit mit dem Gerät, seiner Technik und ihren diesbezüglichen Möglichkeiten beste Voraussetzung für zusehends meisterlichere Leistungen auf und mit dem rollenden Brett.

Skateboard-Fahren ist nun freilich keineswegs nur etwas für durchtrainierte Profi-Athleten. Kein Anfänger sollte sich indes der Illusion hingeben, ohne jegliches Körpertraining über ein gewisses Skateboard-Niveau hinauskommen zu können.

Eine besonders bei Kindern beliebte Freestyle-Übung: Der Katamaran.

Die Ausrüstung

Ebenso wie kein Tennisspieler jemals auf die Idee käme, ein Match im dunkelblauen Smoking oder mit genagelten Bergstiefeln zu beginnen, so bedarf auch die Ausrüstung des Skateboard-Fahrers im Grunde keiner besonderen Erwähnung. Dennoch, besonders für alle Anfänger, hier die wesentlichsten Punkte:
Die *Kleidung* sollte passend sein: Hemd oder T-Shirt mit langen Ärmeln, lange, bequeme Hose. Niemals mit nacktem Oberkörper oder kurzen Hosen fahren! Die Kleidung soll schützen. Zu enge Kleidung behindert; deshalb bequem und sportlich anziehen. Letzteres bedeutet nicht: zu weit und zu lang. Die Kleidung darf sich nicht in den Rädern verfangen können.
Als *Schuhe* eignen sich am besten Turn- oder Hallenschuhe, also bequeme und leichte Schuhe mit weicher, griffiger Sohle und Verstärkungen an der Absatz- bzw. Zehenpartie. *Niemals barfuß fahren!*

Ausreichender Schutz durch spezielle Ellenbogenschützer.

Dem Fußballtorwart entliehen: Shirt und Hose mit Schaumgummieinlagen.

Schon einiges durchgemacht haben York Naylors Handschuhe.

Für jeden Skateboard-Fahrer sind *Hand-, Knie- und Ellenbogenschützer* angebracht. Bei einem Sturz auf die Asphaltpiste sind die Ellenbogen besonders gefährdet. Durch den Druck auf den Knochen kann eine Schleimbeutelentzündung drohen. Darüber hinaus wird die bei einem Aufprall entstehende Kraft auf die empfindlichen Gelenke weitergeleitet: Die Gelenke werden verletzt, im Wiederholungsfall sogar nachhaltig geschädigt. Bei einer Stoßeinwirkung gleichermaßen gefährdet sind die Kniegelenke.

Ferner empfiehlt es sich (besonders bei temporeichen Abfahrten oder beim Einüben neuer, schwieriger Figuren), einen *Helm* (am besten mit Kinnschutz) zu tragen. Zur ständigen Ausrüstung eines jeden Skateboard-Fahrers zählen schließlich strapazierfähige, also zweckmäßigerweise lederne *Handschuhe.* Die Skateboard-Zubehörindustrie bietet inzwischen alle genannten Ausrüstungsgegenstände an.
Die Erfahrung zeigt, daß Anfänger wie Fortgeschrittene schließlich auch immer etwas *Pflaster* mit sich

führen sollten. Hautabschürfungen gehören quasi zum Alltag der Rollbrettfahrer und sind das Lehrgeld, das Anfänger mit Meisterambitionen zu zahlen haben.

> Zur Grundausrüstung zählen also:
> - Handschuhe
> - Knie- und Ellenbogenschützer
> - Helm

Diese Grundausrüstung trägt der umsichtige Skateboard-Fahrer vor allem bei Wettbewerben oder dem Versuch, neue und schwierige Übungen einzustudieren.

STP

Die Rolltechnik

Vorbereitung

Bevor Sie sich nun für die ersten Versuche auf die Skateboard-Piste begeben, sind einige Vorbereitungen zu treffen. Sie außer acht zu lassen oder auch nur oberflächlich abzuwickeln, kann dem zukünftigen Skateboard-Fahrer den Spaß gründlich verderben und ihn außerdem gefährden.

Überprüfen Sie vor jeder Fahrt, ob Ihr Skateboard in fahrtüchtigem Zustand ist!

Diese Überprüfung bezieht sich im einzelnen auf die

- Einstellung der Achsen (Kontermutter)
- Festigkeit der Radmuttern (Sicherung)
- Festigkeit der Basisplatte (Muttern)

Mit fortschreitenden Skateboard-Kenntnissen wird jeder Fahrer schon im eigenen Interesse zusätzlich der Abnützung von Rädern, Beilaggummis und Kugellagern besondere Aufmerksamkeit schenken und gegebenenfalls neue Ersatzteile montieren.

Üben Sie zuerst im Stand, bevor Sie losfahren!

Im Grunde überflüssig zu erwähnen, aber aufgrund leidvoll gewonnener Erfahrung muß doch darauf hingewiesen werden:

• Fahren Sie nie nachts Rollbrett! • Lassen Sie sich niemals von Autos, Motor- oder Fahrrädern schleppen! • Fahren Sie immer mit Handschuhen!

Die Grundstellung

Voraussetzung/Gelände:
Suchen Sie sich für die Einübung der Grundstellung ein ruhiges, vor allen Dingen ein vollkommen ebenes Gelände aus, einen Platz ohne jegliche Neigung also, damit Ihnen Ihr Skateboard nicht von allein davonrollt.

Voraussetzung/Skateboard:
Bei manchen Brettypen ist für den vollkommenen Anfänger nicht auf Anhieb „vorne" und „hinten" auszumachen. Generell aber läuft jedes Brett vorne mehr oder weniger spitz zu. Diese wie gesagt nicht immer deutlich ausgeprägte Spitze zeigt, zumindest für die anfänglichen Übungen, immer in Fahrtrichtung. Im Grunde aber ist jedes Skateboard in beide

Nicht nur vor Wettbewerben überprüft der Skater sein Board.

Richtungen, nach vorne und hinten, steuer- und fahrbar.
Nicht alle Skateboards haben eine rutschfeste Standfläche, die dem Fahrer ausreichenden Halt gibt. Spezielle Haftstreifen oder einfach aufgeklebtes Sandpapier schaffen hier nachhaltig Abhilfe. Allerdings sollten die Haftstreifen tatsächlich nur dort angebracht werden, wo die Füße des Fahrers stehen (also vorwiegend auf dem vorderen und hinteren Bretteil; siehe Grundstellung/Ausführung); Haftstreifen sind besonders bei vollkommen flachen Boards nützlich.

Ausführung:
Stellen Sie nun Ihren linken Fuß genau über die Vorderachse. Belasten Sie diesen Fuß etwas und beugen Sie leicht das Knie. Der linke Fuß steht in Fahrtrichtung auf dem Board, der rechte Fuß wird über der Hinterachse quer aufs Brett gestellt. Wenn Sie sich mit dem rechten Fuß über der Vorderachse sicherer fühlen, können Sie alle nachfolgenden Übungen und Tricks auch mit dieser Fußstellung versuchen. Wichtig ist in jedem Fall, das Körpergewicht immer nach vorne zu verlagern, das heißt:

Der vordere Fuß wird belastet.

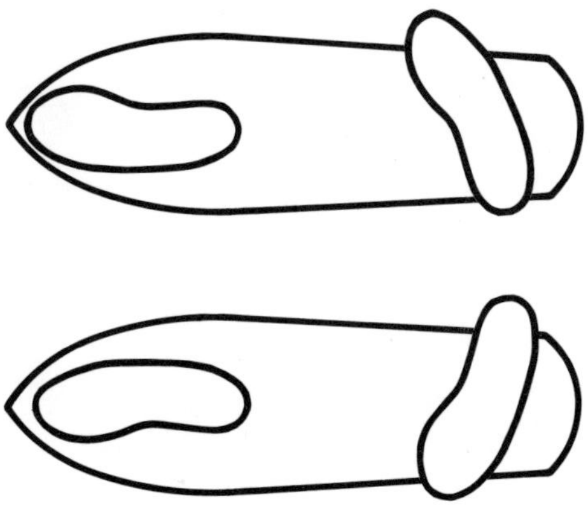

Haftstreifen oder -flächen (selbstklebendes Sandpapier, genannt „safety walk") geben dem Fahrer besseren Halt.

Im Laufe der Zeit pendelt sich das Körpergewicht fast von allein auf das Brettzentrum ein. Als Anfänger aber tut man gut daran, bewußt den vorderen Brettteil zu belasten.
Der Grund für diese Gewichtsverteilung ist einleuchtend: Liegt das Gewicht, bedingt durch Ihre Rücklage auf dem hinteren Teil des Boards, dann geht das Brett vorne hoch und schnappt Ihnen rollend unter den Füßen weg. Deshalb ist grundsätzlich darauf zu achten:

- Immer zuerst mit dem vorderen Fuß auf das Brett steigen.
- Rücklage vermeiden!
- Immer nach vorne vom Brett steigen.

Gerät der Fahrer in Rücklage, schnappt das Brett vorne hoch – ein Sturz läßt sich oft nicht mehr vermeiden.

Die Körperhaltung bei dieser Grundstellung: Der Oberkörper bleibt immer aufrecht, dennoch entspannt und beweglich. Ihre Blickrichtung ist selbstverständlich geradeaus nach vorne. Ein gutes Hilfsmittel für die anfänglichen Balance-Schwierigkeiten auf dem noch ungewohnten Brett: Die Arme seitlich-waagrecht vom Oberkörper wegstrecken.

Eine Grundregel, die jeder Skater schon im eigenen Interesse beherzigen sollte: Immer nach vorne vom Brett steigen.

Schon die geringste Gewichtsverlagerung überträgt sich auf das Skateboard.

Bemerkungen:
Sie werden sehen: Schon nach wenigen Versuchen fühlen Sie sich auf Ihrem Brett etwas mehr „zuhause“ und können zusehends sicherer das Gleichgewicht halten. Üben Sie diese Grundstellung immer wieder neu. Wenn Sie diese Grundübung im Stand sicher beherrschen, versuchen Sie, das Brett abwechselnd über die Längsachse nach links und rechts zu kippen, indem Sie das Gewicht verlagern. Dabei bleibt der Oberkörper immer aufrecht. Die Gewichtsverlagerung wird aus dem Knie- und Fußgelenk heraus vorgenommen (Beugen). Entscheidend bei dieser Übung: Die Grundstellung beibehalten und mit den Armen ausbalancieren.

Rollern

Bald haben Sie auf Ihrem Brett genügend Standvermögen und können sich bereits der zweiten Übung widmen: dem Rollern.

Voraussetzung:
Ihr Brett steht immer noch im ebenen Gelände, Sie stellen Ihren linken Fuß wie bei der Grundstellung vorne auf das Brett, belasten diesen Fuß etwas und beugen das Knie.

Ausführung:
Stoßen Sie sich nun mit dem rechten Fuß mehrmals vom Boden ab – in derselben Weise, wie Kinder ihren

Beim Rollern mit dem linken Fuß auf dem Brett stehen und mit dem rechten abstoßen oder umgekehrt – das kann jeder handhaben, wie er mag und sich sicherer fühlt. ▶

Roller anschieben. Sobald Ihr Brett etwas Fahrt aufgenommen hat, stellen Sie Ihren rechten Fuß, wie bei der Grundstellung, quer auf den hinteren Brettteil: Nun stehen Sie mit beiden Füßen auf dem rollenden Brett und erleben Ihre erste Skateboard-Fahrt! Vergessen Sie dabei nicht, das Gewicht nach vorne zu verlagern und das linke Knie zu beugen.

Bemerkungen:
Das Rolltempo auf ebenem Gelände ist abhängig von der Stärke Ihres Anschiebens. Wie schnell Sie fahren wollen, können Sie also selbst bestimmen. Widmen Sie dem Rollern ausreichend Zeit. Also immer wieder anschieben, mit beiden Beinen auf dem Brett stehen, das Brett ausrollen lassen, wieder neu anschieben usw. Durch diese Übung können Sie sich besonders gut an das Fahrverhalten Ihres Boards, aber auch an das Fahrgefühl insgesamt gewöhnen.

Bremsen

„Hilfe, es wird zu schnell!" Diesen mit etwas Ratlosigkeit verbundenen (Angst-)Schrei mögen Sie mitunter sogar im flachen Gelände ausstoßen, dann nämlich, wenn Sie sich zu sehr in Fahrt geschoben haben und ganz plötzlich bremsen wollen oder auch müssen, weil Ihnen vielleicht ein Hindernis in den Weg kommt.

Voraussetzung:
Entsprechend der genannten Regel „Immer nach vorne vom Brett steigen", gilt auch beim Bremsen aus der Fahrt heraus:

Grundsätzlich nach vorne abspringen.

Ausführung A:
Zuerst den hinteren Fuß neben dem Brett auf den Boden setzen und bremsend mitlaufen. Der vordere Fuß verbleibt also zunächst noch auf dem Brett – und zwar so lange, bis der Bremsvorgang insgesamt beendet und das Brett zum Stehen gekommen ist. Diese Art zu bremsen empfiehlt sich bei niedrigen Rollgeschwindigkeiten. Dabei bleibt der „Vorderfuß" auf dem Brett, um es nicht unkontrolliert davonrollen zu lassen.

Ausführung B:
Eine weitere Bremsmöglichkeit bietet der sogenannte „Wheelie-stop". Er sollte nur von Fahrern ausgeführt werden, die ihr Gerät schon sicherer beherrschen. Der hintere Fuß drückt dabei das Boardende fest auf den Boden, daß es auf der Piste schleift und so das Brett zum Stillstand kommt.

Bemerkungen:
Bei jedem „Wheelie-stop" wird das Brettende zwangsläufig etwas abgeschabt. Wer häufig auf diese Art bremst und sein Board vor allzu raschem Verschleiß schützen will, sollte das Brettende mit einer kleinen Metall- oder Aluminiumplatte versehen.

Bei höheren Geschwindigkeiten verfährt man wie beim eingangs beschriebenen Bremsen, nur wird man dann, nach dem ersten Abbremsen durch den hinteren Fuß, auch den „Vorderfuß" vom Brett nehmen. Wichtig ist, sofort nach dem Absprung das Brett zu stoppen oder von begleitenden Skateboard-Fahrern stoppen zu lassen. Ein unkontrolliert rollendes oder weggeschleudertes Brett kann für den Fahrer wie für weitere Anwesende gefährlich werden.

Der Skateboard-Fahrer hat sein Brett immer unter Kontrolle.

1975

Kurventechnik

Es wäre nicht nur falsch, sondern auch gefährlich, nach diesen anfänglichen Grundbegriffen sich bereits an die erste längere Schußfahrt im nächstgelegenen Steilgelände zu wagen. Zunächst muß nämlich erst die Kurventechnik erlernt werden.

Voraussetzung:
Die erste Kurve üben Sie noch im flachen Gelände. Rollern Sie sich zunächst in Fahrt und nehmen Sie die Grundstellung ein.

Ausführung:
Beugen Sie nun die Knie etwas tiefer und verlagern Sie Ihr Gewicht auf die Seite des Bretts, in die Sie die Kurve fahren wollen.

Gewichtsverlagerung nach rechts
löst eine Rechtskurve aus.

Gewichtsverlagerung nach links
löst eine Linkskurve aus.

Üben Sie zunächst eine Kurve nach links, dann eine nach rechts. Versuchen Sie dann, durch erneutes Anschieben eine Links- und Rechtskurve nahtlos aneinanderzureihen.

Bemerkungen:
Die Kurven werden anfangs einen relativ großen Radius haben. Je stärker aber der von Ihnen seitlich ausgeübte Druck ist, desto enger werden die Kurven.

Kurventechnik in geneigtem Gelände

Voraussetzung/Gelände:
Wenn Sie sich im flachen Gelände einigermaßen sicher fühlen, das heißt ohne Schwierigkeiten Balance halten können, dann dürfen Sie sich zum Kurvenfahren ohne weiteres schon in leicht geneigtes Gelände wagen. Dabei liegt die Betonung auf „leicht" geneigt. Es versteht sich von selbst, daß Sie eine steile Piste zunächst noch meiden. Anfänger setzen sich gerne höheren Geschwindigkeiten aus, ohne die erforderlichen Techniken zu beherrschen. Skateboard-Fahren ist aber nicht primär ein Rennsport, in dem ein Geschwindigkeitsrekord den anderen ablöst. Vielmehr ist es ein Freizeitspaß, der für den einzelnen um so größer wird, je besser er sein Brett beherrscht. Ohne Zweifel reizen jeden Fahrer immer wieder steile Strecken und damit die Aussicht auf rasante Abfahrten. Wagen Sie sich aber erst dann in abschüssiges Gelände, wenn Sie sich sicher fühlen, das heißt über ausgeprägte Kurventechnik bzw. -erfahrung verfügen. Passen Sie die Geschwindigkeit immer Ihrem Können an.

Sicherheit geht vor Geschwindigkeit.

Für die ersten Kurven wählen Sie ein leichtes Gefälle, am zweckmäßigsten eine Piste mit ausreichend Auslauf. Im Idealfall hätte diese Piste im Auslauf noch eine sanfte Gegensteigung. Wie immer sollte die Piste übersichtlich und seitlich nicht durch Mauern, Geländer oder Zäune begrenzt sein. Schon nach den ersten Kurven werden Sie spüren, daß sich mit steigender Geschwindigkeit der Kurvenradius erhöht. Verfallen Sie aber nun nicht in den Fehler, den Weg des geringsten Widerstandes, nämlich die Schußfahrt, zu wählen, statt Kurventechnik zu üben. Ist Ihnen das Tempo zu hoch, ziehen Sie sich in weniger steiles und damit anspruchsloseres Gelände zurück. Versuchen Sie zunächst, in großen Bögen die Piste herunterzufahren.

Anfänger fahren nie Schuß sondern Kurven

Auch in der tiefen Hocke lassen sich, wie Harald anschaulich zeigt, Kurven fahren. Allerdings erfordert diese Übung viel Training und Geschicklichkeit. ▶

In Gesellschaft macht auch das Kurvenfahren mehr Spaß.

Ausführung:

Kurven mit engem Radius kann man auf folgende Weise erreichen:

- Knie tief beugen
- Gewicht deutlicher verlagern
- Fußdruck geben

Der Begriff Fußdruck oder -schub bedeutet: Die beiden Füße schieben das Board seitlich aus der Fallinie, so daß sich das Brett schräg zur Fahrtrichtung dreht und an Tempo verliert.

Bemerkungen:

Als Anfänger sollten Sie nie Schuß, sondern immer in Kurven fahren. Dies kann nur gelingen, wenn das Gelände nicht zu steil, das Tempo nicht zu hoch ist. Beim Fußdruck besteht die Gefahr, daß Sie leicht in Rücklage geraten. Rücklage aber bedeutet Sturzrisiko. Beim Fußschub also Rücklage vermeiden!

Um immer drehen zu können,
ist die Geschwindigkeit stets unter Kontrolle
zu halten!

Bremsen mit Kurventechnik

Voraussetzung:
Beim Kurvenfahren auf geneigter Piste gibt es drei Bremsmöglichkeiten:

- Abspringen
- Kurve gegen den Hang fahren
- Wheelie-stop (siehe Seite 44)

Das Abspringen nach vorne ist bekannt, wobei es besonders in steilerem Gelände entscheidend ist, das Brett umgehend unter Kontrolle zu bringen. Wesentlich eleganter bei höherer Geschwindigkeit, aber auch etwas schwieriger ist es dagegen, eine Kurve so konsequent gegen den Hang zu fahren, daß das Brett zum Stehen kommt.

Ausführung:
Knie tief beugen, Fußschub geben und die Gewichtsverlagerung deutlich und konsequent beibehalten. Der Oberkörper bleibt wie immer aufrecht.

Die Kurve gegen den Hang wird bis zum Stillstand des Skateboards gefahren. Der Kurvenradius wird mit zunehmender Übung immer enger.

Zweite Grundstellung

Nachdem Sie seit geraumer Zeit über das Anfangsstadium hinaus sind, bietet sich eine zweite Grundstellung an. Ihre Vorteile liegen darin, daß Sie mit ihr – nach einiger Eingewöhnung – wesentlich leichter drehen können. Obendrein nehmen Sie mit ihr die Idealhaltung sowohl für Abfahrt wie für die meisten Trickübungen ein.

Voraussetzung:
Üben Sie die zweite Grundstellung zunächst kurz im flachen Gelände, bevor Sie sich mit ihr z.B. zum Kurvenfahren auf geneigte Pisten wagen.

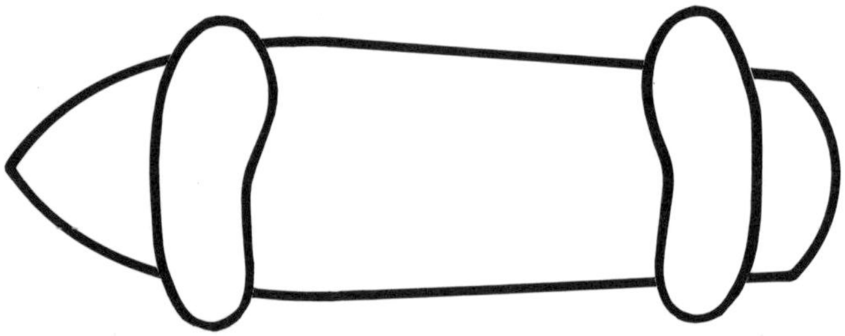

Ausführung:
Stellen Sie den linken Fuß quer zur Fahrtrichtung etwa in Höhe der Vorderachse auf das Board. Der rechte Fuß steht parallel dazu quer über der Hinterachse.

Bemerkungen:
Jeder Skateboard-Fahrer findet im Laufe der Zeit zu einer Fußstellung, die möglicherweise etwas von den hier erklärten und gezeigten abweichen wird. Wie auch immer die persönliche Fußstellung aussehen mag: Sie soll für den Fahrer bequem sein und alle Brettmanöver ermöglichen.

Abfahrt

Eines muß betont werden: Für Skateboard-Abfahrten braucht man nicht ausschließlich Mut. Wichtiger sind vielmehr Besonnenheit und Konzentration. An Abfahrten sollte man sich erst dann heranwagen und beteiligen, wenn man sich lange genug an das Brett gewöhnt und keinerlei Balanceschwierigkeiten – also ausreichend Übung und Erfahrung in der Kurventechnik – hat. Der besonnene Skateboard-Fahrer weiß: Ein Sturz aus vollem Abfahrtstempo kann böse Folgen haben. Sicherheit ist oberstes Gebot!

Voraussetzungen:
Im Grunde sollten Abfahrten, also lange Steilstrekken, nur mit den überlangen Abfahrtsboards gefahren werden. Mit ihren breiten Achsen und breiten Rädern garantieren sie für genügend Bodenhaftung und Sicherheit. Die Achsen dürfen nicht zu weich eingestellt sein, da sie sonst mit zunehmender Geschwindigkeit zu „flattern“ beginnen – das Brett verliert seine Stabilität und der Fahrer zwangsläufig das Gleichgewicht. Ziehen Sie also vor jeder Abfahrt die Kontermutter fest!

Bestechend in der Bewegung, aber ohne Helm zeigt Andy eine der möglichen Abfahrtshaltungen.

Windschlüpfrig: Abfahrer Karl-Heinz Magnus.

Die Strecke soll glatt, sauber und ohne Bodenwellen sein. Achten Sie darauf, daß am Straßenende genügend Auslauf zur Verfügung steht! Gehen Sie die Piste vor der Abfahrt prüfend ab. Entfernen Sie Steine und andere Hindernisse – kehren Sie notfalls die Strecke sauber.
Tragen Sie unbedingt schützende Kleidung, also lange Hosen, langärmeliges Hemd und Handschuhe. Helm mit Kinnschutz sowie Knie- und Ellbogenschützer sind zusätzlich zu empfehlen.

Ausführung:
Wie bei der zweiten Grundstellung bereits angedeutet, wird jeder Skateboard-Fahrer mit zunehmender Übung zu „seiner" Fußstellung finden. Für Abfahrten aber werden von vielen Fahrern folgende Fußstellungen bevorzugt: beide Füße parallel nebeneinander in Fahrtrichtung auf der Brettmitte oder wie bei der Grundstellung zwei, nun aber gehockt. Es versteht sich von selbst, daß auch diese Stellungen zuerst in weniger starkem Gefälle erprobt werden, bevor man sich auf steilere Pisten begibt.
Der Profi geht bei der Abfahrtshaltung tief in die Hocke, die Arme werden waagerecht nach vorne gestreckt, der Kopf versinkt etwas in den hochgezogenen Schultern, die Blickrichtung ist selbstverständlich geradeaus. Eine Variante ist, die Arme seitlich nach vorne und nach hinten wegzustrecken.

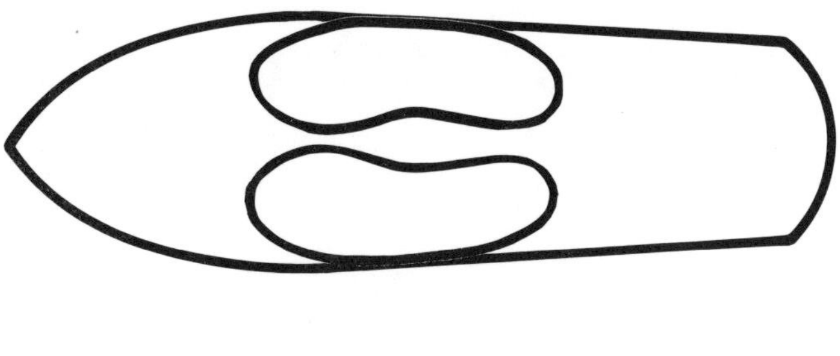

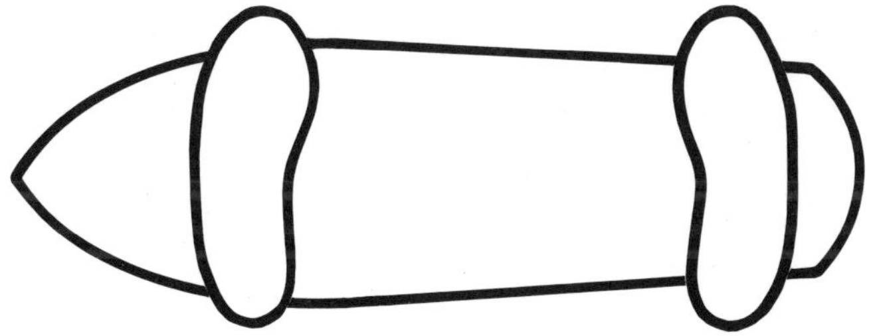

Bemerkungen:
Jeder Skateboard-Fahrer gerät eines Tages unausweichlich in die Situation, daß er sich dem Reiz einer Abfahrt nicht mehr entziehen kann. Schon bald nach dem ersten „Downhill-skating" aber wird manch einer mehr oder weniger ernüchtert feststellen, daß rasante Abfahrten nicht das Salz in der Suppe des Skateboard-Sports sind. Die vielfältigen Möglichkeiten kommen nämlich bei einer Abfahrt im Gegensatz zu den anderen Disziplinen nicht zum Tragen: Den vollen Spaß des Skateboard-Fahrens kann man bei Abfahrten also nicht auskosten. Diese Erkenntnis läßt den bewußten Skater zum beschwingten Kurvenfahren zurückkehren oder zum Freestyle überwechseln.

Freestyle

„Wann lerne ich endlich springen, drehen oder Handstand fahren?" Diese von Anfängern oft ungeduldig gestellte Frage beantwortet sich quasi von selbst: Wenn Sie die grundlegende Rolltechnik beherrschen und Ihr Brett sicher durch alle bisher genannten Manöver rollen können, ist es auch an der Zeit, die vielfältige Trickkiste aufzuschließen.

Kaum ein Rollbrettfahrer vermag sämtliche Tricks vorzuführen, die bislang bekannt wurden. Der eine neigt mehr zu waghalsigen Sprungübungen, dem anderen liegen eher die Drehungen. Sie selbst werden rasch herausfinden, was Ihnen am meisten Spaß macht. Die Trickmöglichkeiten sind unbegrenzt. Beinahe täglich kommen neue hinzu. Auch Sie werden möglicherweise eine neue Figur erfinden. Daher ist es nur allzu verständlich, daß hier lediglich die Freestyle-Übungen beschrieben und gezeigt werden können, die zum Standardrepertoire zählen.

Wenn Sie nun daran gehen, einzelne Trickfiguren zu lernen, dann sehen Sie sich vor allem auch die begleitenden Fotos an. Achten Sie auf die Beinstellung, auf die gesamte Körperhaltung, besonders auf die Arme! Wenn Sie durch abgeänderte Stellungen und Bewegungen zum selben Ziel gelangen, so ist dies nur logisch: Skateboard-Fahren engt niemanden ein, läßt vielmehr jedem einzelnen vollen Bewegungsspielraum – im besten Sinne des Wortes. Denn beim Skateboard-Freestyle können Sie alle Bewegungen einbringen, die Sie einmal gelernt haben: Ob Sie nun Windsurfer, Tänzer, Skifahrer, Turner oder Gymnastikfan sind.

Wie auch immer: Ausschlaggebend ist nur, daß Sie Freude an der Bewegung haben und ein bißchen Phantasie. Und schließlich: Als Trickskater sind Sie niemals allein. Die Kameradschaft unter Skateboard-Fahrern ist mittlerweile sprichwörtlich geworden. Skater tauschen alle Trickerfahrungen untereinander aus, teilen sich den Spaß daran.

Aufheben eines Skateboards/Board Pickups

Der fortgeschrittene Skateboard-Fahrer bückt sich nicht mehr, um sein Rollbrett vom Boden zu heben. Er wendet vielmehr einige Tricks an.

Voraussetzung:
Wie immer, üben Sie auch diesen Trick zunächst im flachen Gelände.

Ausführung A:
Stellen Sie sich hinter Ihr Brett. Die Fußspitze liegt auf dem Brettende. Treten Sie nun rasch mit ausreichend Druck auf das Brett: Das Brett schnappt um knapp neunzig Grad nach oben (Ihnen entgegen), und Sie können es am anderen Ende fassen. Fortgeschrittene springen während der Fahrt auf das Brettende, so daß das Board hochgeschleudert wird.

Ausführung B:
Stellen Sie sich quer zum Brett. Schieben Sie einen Fuß unter das Brett, etwa in die Brettmitte, also zwischen die beiden Achsen. Heben Sie nun das Brett mit dem Fuß nach oben – der greifenden Hand entgegen.

Ausführung C:
Wie bei B. Nur heben Sie das Brett nicht mehr hoch, sondern schleudern es mit dem Fuß kräftig vor sich über Kopfhöhe in die Luft. Das herunterfallende Brett wird noch über Kopfhöhe mit nur einer Hand aufgefangen.

Bemerkungen:
Besonders bei Ausführung C ist darauf zu achten, daß man beim Hochschleudern und Auffangen niemanden gefährdet. Also genügend Abstand halten! Darüber hinaus sollte man diesen Trick anfangs immer auf einem weichen Boden einüben: Wenn man das Brett nicht zu fassen bekommt, wird es beispielsweise auf einer Wiese weicher landen als auf asphaltiertem Gelände; das Risiko einer Beschädigung des Boards entfällt.

Sitzen

Wie immer Sie auf dem fahrenden Skateboard auch sitzen wollen – lassen Sie sich von Ihrer Phantasie inspirieren. Wählen Sie auch hierfür keine allzu abschüssige Piste. Der sitzende Skater kann sein Brett nicht so exakt manövrieren wie im Stand.

Ausführungen:
Sitzen mit gestreckten Beinen. Die Hände fassen das Board seitlich, um es zu stabilisieren. – Sitzen mit angehockten Beinen. Hände wie oben. – Sitzen mit angehockten Beinen. Die Arme umfassen die Knie. – Sitzen mit angehockten Beinen. Die Arme sind seitlich weggestreckt. – Sitzen mit angehockten Beinen. Die Hände fassen das Board seitlich hinten. – Sitzen mit steil nach oben gestreckten Beinen (V-Sitz). Die Hände stützen die Beine in den Kniekehlen; usw.

Im V-Sitz ist das Board schwer zu steuern. ▶

Waage

Die Bewegung entspricht der Waage, wie wir sie beispielsweise aus der Gymnastik und vom Eiskunstlauf kennen.

Ausführung:
Stellen Sie einen Fuß auf die Brettmitte. Das Knie ist leicht gebeugt. Strecken Sie nun das andere Bein waagerecht nach hinten. Balancieren Sie mit den Armen aus.

Bemerkung:
Versuchen Sie diese Übung erst im Stand, später auch in Fahrt.

Eine konzentriert und elegant gefahrene Seitwaage.

Seitwaage (Christie)

Ausführung A:
Stellen Sie sich so in Fahrtrichtung aufs Board, daß sich die Zehenspitzen über der Vorderachse befinden, und zwar nicht in der Mitte, sondern leicht zur Seite versetzt. Mit dem zweiten Fuß schieben Sie sich in Schwung. Bei ausreichender Geschwindigkeit gehen Sie auf dem vorderen (Innen-)Fuß in die Hocke. Der (Außen-)Fuß wird seitlich weggestreckt. Die Arme halten die Balance. Legen Sie sich richtig in die Kurve. Der Bewegungsablauf muß flüssig sein.

Ausführung B: Gekreuzter Christie
Der gekreuzte Christie unterscheidet sich von Ausführung A dadurch, daß der hintere Fuß zur anderen Seite weggestreckt wird und die Kurve so in die andere Richtung gefahren werden kann.

Shoot the duck – „Schieß' die Ente" – heißt dieser lustige Trick.

Gekreuzter Christie

Liegen

Voraussetzung:
Geeignet ist ein langes und möglichst breites Brett. Unbedingt Handschuhe und Schuhe mit verstärkter Innenpartie tragen! Weite, flatternde Kleidung vermeiden. Die Gefahr, daß sie sich in den Rädern verfängt, ist zu groß.

Ausführung A – Liegen auf dem Bauch:
Legen Sie sich mit dem Bauch so auf das Brett, daß der Oberkörper zum größten Teil über die Brettspitze hinausragt und sie bequem liegen. Die Arme strekken Sie zum Balancieren seitlich oder nach vorne weg, die Beine liegen parallel nebeneinander, die Füße zeigen leicht nach oben.

Ausführung B – Liegen auf dem Rücken:
Legen Sie sich mit dem Rücken auf das Brett. Der Oberkörper bedeckt das Brett, die Beine schweben gestreckt über dem Boden. Der Kopf ist leicht erhoben, die Blickrichtung geradeaus. Wenn Sie nun noch die Hände über der Brust falten, dann fahren Sie einen sog. Coffin (Sarg) – so jedenfalls nennen die amerikanischen Trickskater diese Übung.

Bemerkungen:
Auch im Liegen können Sie durch Gewichtsverlagerung das Brett nach links oder nach rechts steuern. Die Gewichtsverlagerung ist jedoch sehr gefühlvoll vorzunehmen, da das Board bei dieser Übung sofort reagiert. Es ist schwieriger zu lenken. Die Kurven haben einen wesentlich größeren Radius.

Bei allen Liegeübungen empfiehlt es sich, Handschuhe zu tragen.

Der zünftige Skater lacht auch noch im Sarg (Coffin).

Gehen mit dem Board

Ziel dieser Übung ist es, auf dem Brett stehend mit dem Skateboard vorwärts- und rückwärtszugehen.

Voraussetzung:
Ebenes Gelände. Ein Board mit Doppelkick erleichtert diese Übung.

Ausführung A:
Stellen Sie sich (wie bei der zweiten Grundstellung) mit beiden Füßen quer aufs Brett. Versuchen Sie, sich durch Zehendruck am Boardrand festzuhalten. Drücken Sie nun durch kurze, aber deutliche Gewichtsverlagerung auf den hinteren Fuß das Brett vorne kurz hoch. Dabei bleibt der vordere Fuß mit leichtem Gegendruck auf dem Board stehen. Drehen Sie nun die vordere, unbelastete und damit frei über dem Boden schwebende Bretthälfte etwas nach rechts. Anschließend drückt der vordere Fuß das Board wieder auf den Boden zurück. Der vordere Fuß übt ohnehin immer etwas Druck aus, um das unkontrollierte Hochgehen des Boards bei dieser Übung zu vermeiden.
Üben Sie dieses „Vornehochdrücken" mit leichter Drehung mehrmals hintereinander. Gleichen Sie den Schwung bzw. eventuelle Balanceschwierigkeiten mit den Armen aus. Vermeiden Sie Rücklage!
Üben Sie nun, das Brett vorne zu belasten, hinten hochzudrücken und dabei leicht nach links zu drehen.

> Es kann immer nur um die belastete Bretthälfte gedreht werden.

Setzen Sie nun die beiden Bewegungsabläufe aneinander: Brett hinten belasten, vorne hochdrücken und nach rechts drehen, Brett vorne belasten, hinten hochdrücken und nach links drehen. Wenn Sie diese Bewegungen rhythmisch aneinanderreihen, können Sie auf und mit dem Brett quasi gehend eine kurze Wegstrecke vorwärts zurücklegen.

Ausführung B:
Das Gehen ist ebenso nach rückwärts möglich: Hinten belasten, vorne hochdrücken und nach links drehen. Dann vorne belasten, hinten hochdrücken und nach rechts drehen, usw.

Bemerkungen:
Ihre „Schritte" werden um so länger, je größer die Drehungen nach rechts bzw. links ausfallen. Entscheidend ist hier aber nicht die Geschwindigkeit, sondern Rhythmus und Sicherheit Ihrer Bewegungen.

Fast im Gleichschritt: Gehen mit dem Board.

Kippen auf Vorder- oder Hinterachse (Wheelie)

Der Wheelie ist, obwohl er aus den Anfängen des Skateboard-Fahrens stammt, auch heute noch ein beliebter und attraktiver Trick. Wheelies werden entweder nur auf den Rädern der Vorderachse oder nur auf denen der Hinterachse gefahren – während das jeweils andere Brettende über dem Boden schwebt. Bei allen Wheelies geht es darum, das Körpergewicht über zwei Rädern in Balance zu halten. Nur die wenigsten Skateboard-Fahrer schaffen die Wheelies auf Anhieb. Wer diese Tricks von Grund auf lernen möchte, sollte erst eine Vorübung beherrschen.

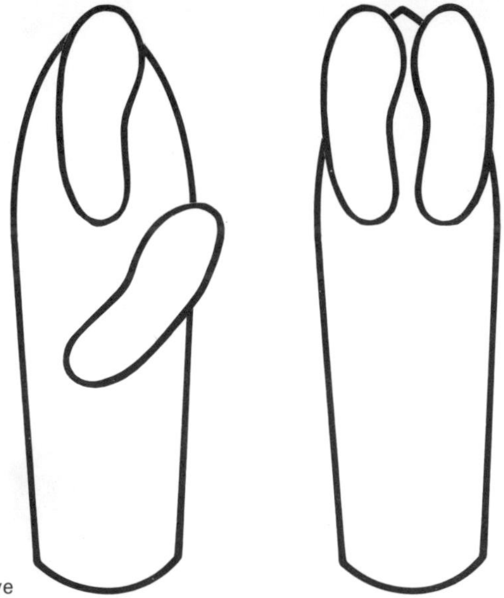

Vorübung – Hang five, Hang ten:
Entscheidend ist es, auf dem Brett das Gleichgewicht halten zu können. Mit folgender Übung kann man es lernen: Ein Fuß steht so über der Vorderachse, daß die Fußspitze über den Brettrand hinausragt. Der andere Fuß dient zur Balance. Wichtig: Das Brett verbleibt noch auf allen vier Rädern. Diese Vorübung heißt Hang five. Stehen beide Füße nebeneinander in der beschriebenen Weise über der Vorderachse, spricht man von Hang ten.

Voraussetzung:
Da der Wheelie im Stand mehr Gleichgewichtsgefühl erfordert als in der Fahrt, sollten Sie ihn zuerst auf dem rollenden Brett üben. Am besten eignet sich ein flaches Board mit Haftstreifen. Vom Brettende bis zum Achsmittelpunkt sollte der Abstand etwa 12 cm betragen. So ist der Hebel groß genug, um mit wenig Druck das Board hochheben zu können – aber auch nicht zu groß, um ein Überkippen des Boards nach vorne oder hinten herauszufordern.

Ausführung A – Two-foot-nose-wheelie:
Stellen Sie sich, die Füße parallel nebeneinander, in Höhe der Vorderachse aufs Brett. Die Fußballen liegen knapp vor der Achse. Die Blickrichtung ist geradeaus nach vorne, der Oberkörper bleibt aufrecht. Die Arme werden nach oben oder auch waagerecht und seitwärts vom Körper weggestreckt. Mit einer kurzen Bewegung aus den Fußgelenken und Knien kippen Sie nun das Brett hinten hoch. Dabei kann die jetzt niedergehende Brettspitze den Boden berühren. Elegant ausgeführt ist der Nose-wheelie (Nasen- oder Spitzenwheelie) erst dann, wenn die Brettspitze nicht auf dem Boden aufkommt, wenn also tatsächlich nur auf zwei Rädern gerollt wird.

Two-foot-nose-wheelie

Ausführung B – Two-foot-tail-wheelie:
Der zweifüßige „Schwanz- oder Endenwheelie" wird über den beiden Rädern der Hinterachse gefahren, die Brettspitze zeigt nach oben. Stellen Sie sich, die Füße wieder parallel nebeneinander, in Höhe der Hinterachse aufs Brett. Die Fußballen liegen vor, die Fersen hinter der Achse, die Blickrichtung ist geradeaus, der Oberkörper aufrecht, die Arme halten Sie wie bei Ausführung A. Nun wird das Brett vorne hochgekippt. Auch hier ist es die Kunst, nur auf den Rädern zu fahren, also die Berührung von Board und Boden zu vermeiden.
Die beiden beschriebenen Wheelies können selbstverständlich auch auf nur einem Bein gefahren werden.

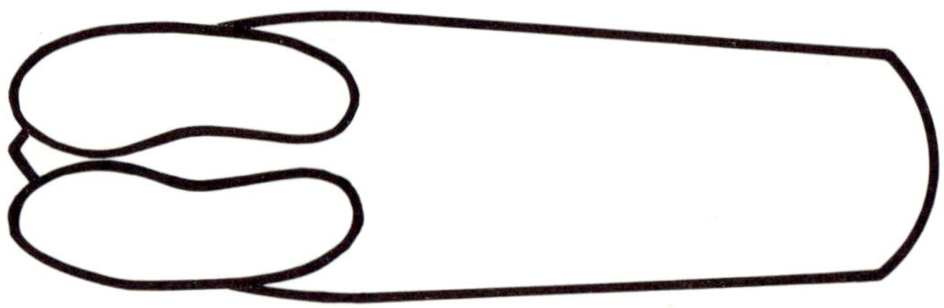

Ausführung C – One-foot-nose-wheelie:
Der eine Fuß steht wie bei Ausführung A über der Vorderachse, und zwar genau in der Boardmitte. Der andere Fuß wird zusammen mit den Armen zum Ausbalancieren verwendet.

Two-foot-tail-wheelie

One-foot-nose-wheelie

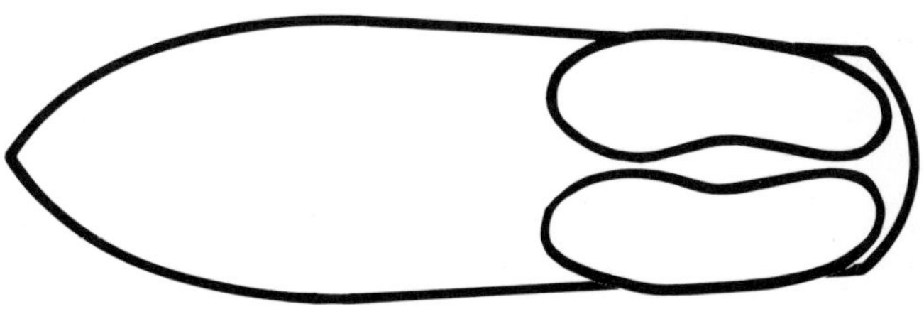

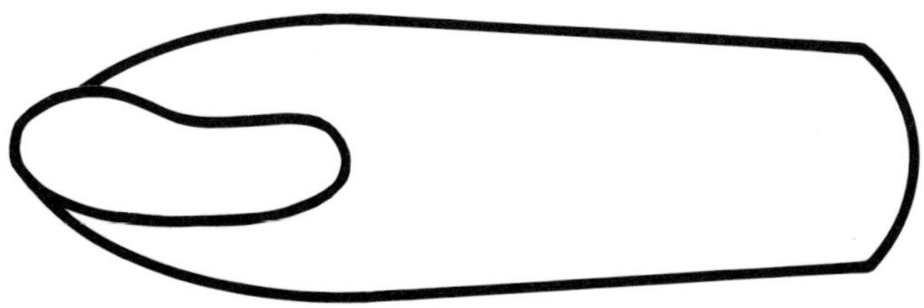

60
AUTOSCHALTER

Ausführung D – One-foot-tail-wheelie:
Wie bei Ausführung B. Der Standfuß steht in der Boardmitte in Höhe der Hinterachse: Der Fußballen liegt vor, die Ferse hinter der Achse. Der andere Fuß dient wieder zusammen mit den Armen der Balance.

Ausführung E – Squat-nose-wheelie:
Hierbei handelt es sich um die wesentlich schwierigere Version des Nose-wheelie. Die Ausgangsstellung ist ebenso wie bei Ausführung A. Nur geht jetzt der Trickskater langsam in die Hocke (to squat = hokken, kauern), verbleibt dort eine kurze Zeit, um sich dann wieder vorsichtig in die aufrechte Position zu begeben. Die Arme balancieren jeweils aus. Der Squat-nose-wheelie verlangt ebenso viel Konzentration wie Balancegefühl. Man sollte ihn nur mit Knieschützern üben.

Bemerkungen:
Der Wheelie ist bei konstanter Geschwindigkeit leichter zu fahren, als im Stand zu halten. One-foot-wheelies sind weniger schwierig als die Two-foot-wheelies, da zusätzlich ein Bein zum Ausbalancieren frei ist. Fortgeschrittene Trickskater werden zusehends auf ihre Arme zum Ausbalancieren verzichten können. In der elegantesten Wheelie-Ausführung stützt der Fahrer seine Hände nur noch seitlich in die Taille.

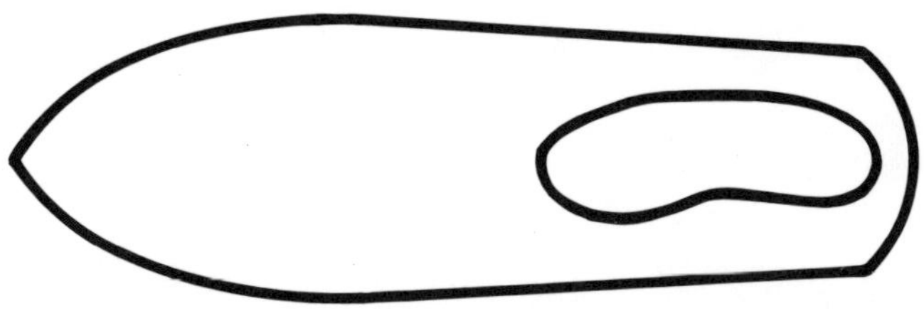

One-foot-tail-wheelie

Spacewalk

Einer der schwierigsten Wheelie-Tricks ist der Space-walk. Dabei handelt es sich um eine Aneinanderreihung von Kick-turns, wobei die vorderen Räder den Boden nicht berühren.

Ausführung:
Wie beim Tail-wheelie wird das Board vorne hochgedrückt und das vordere Knie gebeugt. Drehen Sie das vordere Ende mit rhythmischen Bewegungen von einer Seite zur anderen. Mit der Drehung soll eine Vorwärtsbewegung erreicht werden. Das Brettende kommt mit dem Boden nicht in Berührung. Die Arme drehen mit, der Oberkörper ist aufrecht.

Bemerkung:
Diesen Trick perfekt zu beherrschen, setzt sehr viel Übung voraus.

Beschleunigen auf ebener Fläche (Kick-turning, Tick-tacking, Jetten)

Das Beschleunigen auf ebenem Gelände ist so etwas wie eine kleine Vorentscheidung: Wer sie meistert, erfüllt eine wesentliche Voraussetzung, im Trickfahren voranzukommen. Aber keine Angst: Das Tick-tacking hat noch jeder geschafft, der es lernen wollte. Auf Anhieb kann es freilich nicht gelingen. Diese Übung erfordert ausdauerndes Training.

Voraussetzung:
Für diesen Trick eignet sich ein Skateboard mit einem Kicktail.

Vorübungen:
1. Stellen Sie sich wieder quer zur Fahrtrichtung aufs Brett, die Füße stehen etwa über den Achsen, der hintere Fuß sogar etwas jenseits der Hinterachse.

Zur Vorübung versuchen Sie das Board vorne hochzudrücken, indem Sie den hinteren Fuß belasten. Der vordere Fuß bleibt auf dem Brett, geht mit ihm hoch – das Knie wird also etwas gebeugt. Drücken Sie nun das Brett mit dem vorderen Fuß wieder auf den Boden. Üben Sie diese Bewegung mehrmals hintereinander. Vermeiden Sie dabei Rücklage; strecken Sie die Arme waagerecht vom Körper, um die Balance zu halten!

2. Gleiche Ausführung wie bei 1. Jetzt aber drehen Sie das Brett auf der Hinterachse um etwa 30 bis 45 Grad, während der vordere Bretteil unbelastet über dem Boden schwebt. Die Brettdrehung führen Sie in die Richtung aus, in die Sie sehen. Hängen Sie mehrere solcher Bewegungen aneinander: Hinteren Fuß belasten, Brett vorne hochdrücken, Drehung in Blickrichtung, Vorderräder wieder auf den Boden drücken.

Ausführung:
Nun wird das Board nicht mehr nur hochgehoben, sondern mit kräftigem Druck auf die Vorderachse seitlich vom Boden weggeschoben – ähnlich wie bei einem Schlittschuhschritt. Wenn die Vorderachse auf dem Boden aufkommt, ist das Knie gebeugt. Sie drücken sich mit Schwung ab und drehen das Board abwechselnd nach links und rechts. Arme und Körper bewegen sich in die Richtung der Drehung.
Halten wir den Bewegungsablauf noch einmal fest:

- Der hintere Fuß belastet das Brett.
- Der vordere Fuß lenkt den unbelasteten vorderen Bretteil in kurzen Bewegungen von einer Seite zur anderen.
- Die Vorderräder werden zwischen den Drehungen kurz nach unten auf den Boden gedrückt und ähnlich einem Schlittschuhschritt seitlich vom Boden wieder weggedrückt.

Anfangs werden Sie sicherlich nicht so recht vom Fleck kommen: Sie beherrschen die Bewegungsabläufe zwar prima, das Brett aber rollt keinen Zentimeter vorwärts, von Beschleunigen keine Spur! In dieser Situation hilft nur eines: Üben!

Bemerkungen:
Widmen Sie dem Tick-tacking ausreichend Zeit. Es ist die ideale Skateboard-Fortbewegungsart für kürzere Strecken im flachen Gelände. Mit zunehmender Routine werden Sie auch Steigungen meistern können.

Pumpen

Das Pumpen ist eine Weiterführung des bereits beschriebenen Beschleunigens auf ebener Fläche (Kick-turning, Tick-tacking, Jetten). Es ermöglicht, mit rhythmischen Bewegungen die Geschwindigkeit zu steigern. Deshalb wird im Wettkampf, besonders beim Slalom, häufig gepumpt.

Voraussetzung:
Die Achsen müssen ganz weich eingestellt sein.

Ausführung:
Wie beim Beschleunigen auf ebener Fläche. Nun aber wird das Board nicht mehr vorne hochgedrückt, sondern Sie drücken abwechselnd hinten und vorne seitlich aufs Brett. Der Oberkörper und die Arme arbeiten rhythmisch mit.

Bemerkungen:
Die Beilaggummi müssen sehr elastisch sein, das heißt nach Druckausübung sofort wieder auseinanderschnellen. Bis jetzt erfüllen diesen Anspruch die roten und grauen Beilaggummi, während die aus Urethan und schwarzem Gummi zu hart sind.

Könner beschleunigen auch bergauf.

Drehungen

Wer die Wheelies perfekt beherrscht, kann sich getrost an die Drehungen heranwagen. Logischerweise beginnt man erst mit halben Drehungen (180 Grad), bevor man ganze Drehungen (360 Grad) übt.

Voraussetzung:
Die Achsen müssen so montiert sein, daß der Hebel groß genug ist, um das Brettende leicht niederdrükken zu können. Der Achsmittelpunkt soll vom Brettende ca. 12 cm entfernt sein.

Ausführung A – Drehung auf der Hinterachse vorwärts:
Das Brett wird vorne hochgedrückt und um 180 Grad in Blickrichtung gedreht. Der hintere Fuß steht jenseits der Hinterachse.

Ausführung B – Drehung auf der Hinterachse rückwärts:
Das Brett wird vorne hochgedrückt und um 180 Grad gegen die Blickrichtung gedreht. Der hintere Fuß steht wieder jenseits der Hinterachse.

Ausführung C – Drehung auf der Vorderachse vorwärts:
Das Brett wird hinten hochgedrückt und in Blickrichtung gedreht. Der vordere Fuß steht jenseits der Vorderachse.

Ausführung D – Drehung auf der Vorderachse rückwärts:
Das Brett wird hinten hochgedrückt und gegen die Blickrichtung gedreht. Der vordere Fuß steht wieder jenseits der Vorderachse.

BANZAI

Holen Sie jeweils mit den Armen Schwung und drehen Sie Kopf, Arme und Oberkörper in Drehrichtung. Der Oberkörper bleibt aufrecht, die Arme werden seitlich weggestreckt. Versuchen Sie diese Übungen zuerst im Stand, später auch beim Fahren.

Bemerkungen:
Ein Brett mit Kicktail oder Doppelkick erleichtert diese Übung. Flache Boards sollten Sie mit Haftstreifen bekleben.

End-over

Die Verbindung mehrerer 180-Grad-Drehungen um Vorder- und Hinterachse heißt End-over.

Ausführung:
Beide Füße stehen jenseits der Achsen. Es wird entweder um 180 Grad ein- und bei der nächsten Drehung wieder um 180 Grad ausgedreht, oder die zweite und die folgenden Drehungen erfolgen in dieselbe Richtung wie die erste, so daß eine oder mehrere ganze Drehungen auf je zwei Etappen durchgeführt werden.

Bemerkung:
Versuchen Sie diesen Trick erst im Stand, später auch während der Fahrt.

Walk-the-dog

Voraussetzung:
Wie bei allen Tricks, bei denen das Board hochgedrückt wird, muß die Achse so montiert sein, daß der Hebel groß genug ist.

Ausführung:
Stellen Sie sich quer aufs Board. Der eine Fuß steht jenseits der Hinterachse, der andere auf der Mitte des Boards. Drücken Sie nun das Board vorne hoch und drehen Sie es um 180 Grad. Der Schwung beim Drehen kommt wieder aus den Armen, der Kopf dreht mit. Nun setzen Sie den äußeren Fuß an das andere Ende des Bretts, während der Fuß auf der Brettmitte um 180 Grad auf der Stelle dreht. Jetzt nehmen Sie wieder die Grundstellung ein. Dieser Bewegungsablauf wiederholt sich. Reihen Sie mehrere solcher Drehungen aneinander und versuchen Sie, die Geschwindigkeit zu steigern.

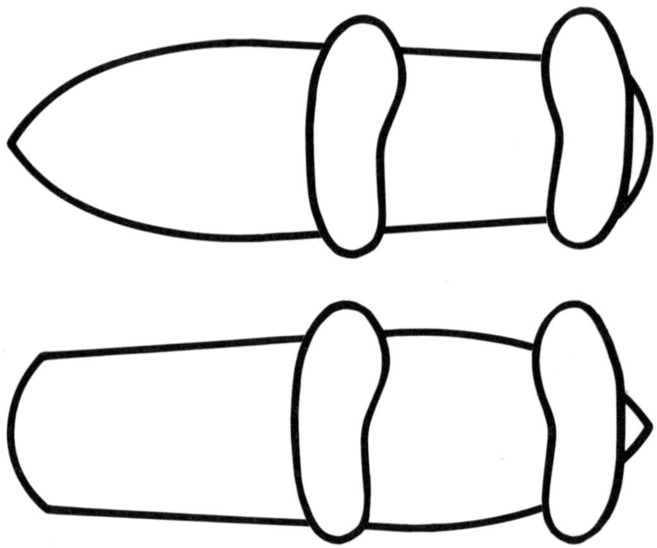

Drehungen um 360 Grad

Der Rekord in 360-Grad-Drehungen wurde von Bob Jarvis aufgestellt: Er vollbrachte insgesamt 18 Drehungen ununterbrochen hintereinander auf der Hinterachse, und zwar der Blickrichtung entgegengesetzt. Damit nicht genug: Er beherrscht diese Übung nicht nur auf zwei Beinen, sondern auch auf einem. 18 Drehungen – an diesem Rekord sollte sich der Freizeitskater nicht unbedingt orientieren. Vier oder fünf Drehungen hintereinander kann der geübte Fahrer aber durchaus erreichen.

Ausführung A – Drehung auf der Hinterachse vorwärts:
Fußstellung: Bei Drehungen auf der Hinterachse steht der vordere Fuß leicht schräg mit dem Ballen über der Vorderachse. Holen Sie mit den Armen Schwung und drücken Sie das Brett vorne hoch. Schwenken Sie das Brettende, das frei über dem Boden schwebt, in Blickrichtung. Der vordere Fuß ist gebeugt. Arme und Kopf müssen in Drehrichtung zeigen.

Jede Gegenbewegung blockt die Drehung ab.

Die Arme suchen den Weg der geringsten Fliehkraft, d. h. Sie halten sie entweder über dem Kopf ausgestreckt oder nahe dem Körper. Der hintere Fuß muß gestreckt über dem Boardende stehen, also mit dem aufrechten Oberkörper eine Achse bilden, in der der Schwerpunkt liegt. Geht der Schwerpunkt über die Achse hinaus, d. h. liegt er nicht mehr über dem hinteren Fuß, sind die Drehungen nicht mehr ganz rund, und Sie können sich nicht mehr auf dem Board halten.
Die Drehbewegung ist in ihrem ganzen Ablauf der einer Pirouette sehr ähnlich. Versuchen Sie, dabei ein leichtes Hohlkreuz zu machen.

Ausführung B – Drehung auf der Hinterachse rückwärts

Ausführung C – Drehung auf der Vorderachse vorwärts:
Bei den Drehungen auf der Vorderachse stehen beide Füße jenseits der Achsen. Das Brett wird hinten hochgehoben und gedreht.

Ausführung D – Drehung auf der Vorderachse rückwärts

Bemerkung:
Versuchen Sie die Drehungen zuerst im Stand, später auch bei der Fahrt.

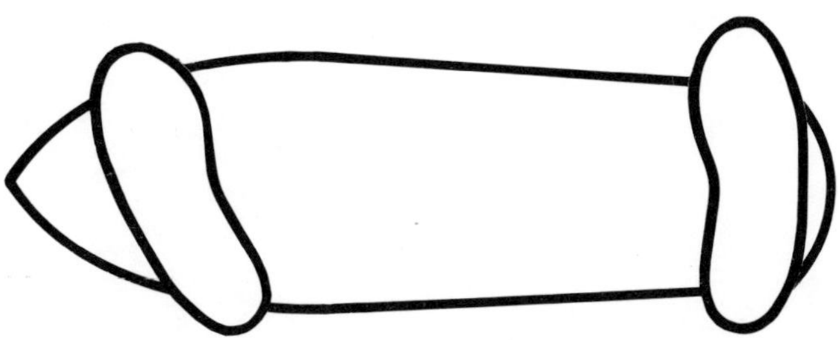

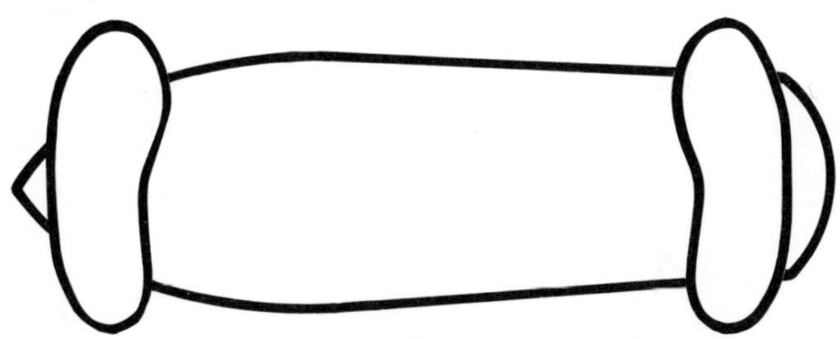

Gehen auf dem Board

Ausführung:
Setzen Sie Ihren vorderen Fuß möglichst weit hinten quer aufs Brett. Den zweiten Fuß stellen Sie parallel daneben auf das Boardende. Setzen Sie nun den hinteren Fuß mit überkreuzten Beinen parallel dicht neben den vorderen Fuß und wiederholen Sie diesen Fußwechsel, bis Sie mit einem Fuß an der gegenüberliegenden Brettspitze angelangt sind. Gehen Sie anschließend auf dieselbe Art und Weise zum anderen Brettende zurück. Die Anzahl der Schritte ist natürlich abhängig von der Länge Ihres Boards.
Bei dieser Übung ist der Oberkörper aufgerichtet, die Blickrichtung geradeaus. Die Arme gleichen aus.

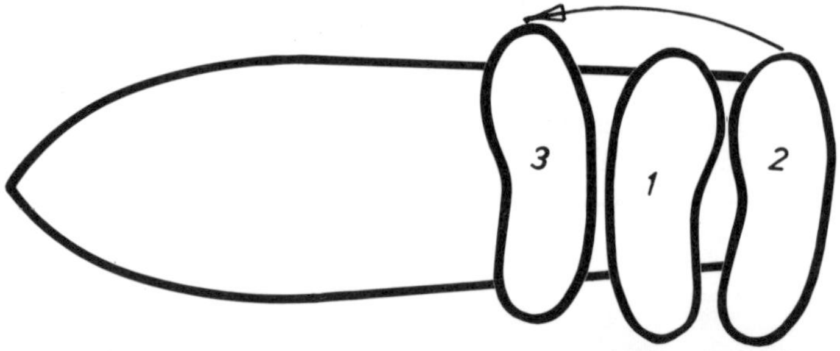

SCHWABINGER SKISCHULE
ZIEL
SPORT BERTL

Bemerkungen:
Besonders wenn dieser Trick während der Fahrt ausgeführt wird, stellt er an Ihr Gleichgewichtsgefühl hohe Anforderungen. Versuchen Sie, das Tempo der Schrittwechsel zu steigern, so daß die Bewegung zügig abläuft.

Froschspringen

Diese Übung wird so genannt, weil ihr Bewegungsablauf an das Springen eines Froschs erinnert.

Voraussetzung:
Tragen Sie Handschuhe und Ellbogenschützer.

Ausführung:
Stellen Sie sich zwischen den Achsen quer aufs Brett. Gehen Sie in eine tiefe Hocke und fassen Sie mit den Händen die Enden des Boards. Versuchen Sie, mit dem Brett kurz in die Höhe zu springen, indem Sie die Knie ruckartig zur Brust ziehen. Fortgeschrittene drehen im Froschsprung.

Bemerkung:
Versuchen Sie diese Übung erst im Stand, später auch beim Fahren.

Sprünge

Bei allen Skateboard-Fahrern erfreuen sich Sprünge besonderer Beliebtheit. Grundsätzlich unterscheidet man Hoch- und Weitsprünge. In diesen beiden Disziplinen stecken nun aber unzählige und vor allem sportliche Varianten. Sie alle aufzuzählen, würde hier zu weit führen. Wer sich erst einmal im Hoch- und Weitsprung sicherfühlt, kommt rasch hinter die darin verborgenen Möglichkeiten.
Schwierig sind die Sprünge nicht, man muß nur geduldig üben: den lockeren und kontrollierten Absprung ebenso wie die exakte und federnde Landung. Saubere Sprünge sind natürlich auch eine Sache der Konzentration.

Aufspringen auf ein fahrendes Skateboard

Voraussetzung:
Für die ersten Versuche werden die Achsen beweglich eingestellt. Üben Sie zunächst auf ebener Piste.

Ausführung:
Schieben Sie das Board etwas in Fahrt und springen Sie dann mit leichtem Anlauf darauf. Beachten Sie, daß Sie immer mit beiden Füßen gleichzeitig auf dem Brett landen sollten. Rücklage vermeiden! Sie sollten so auf das Brett springen, daß Sie sofort die Ihnen gemäße und bequeme Fußstellung einnehmen.

Bemerkung:
Wenn Sie das Aufspringen in ebenem Gelände sicher beherrschen, versuchen Sie diese Übung auf leicht abschüssiger Bahn.

Aufspringen auf ein umgekipptes Skateboard/Board mounts

Wem das gewöhnliche Aufsteigen oder -springen auf ein fahrendes Board zu langweilig wird, kann folgende Tricks ausprobieren und einüben.

Voraussetzung:
Legen Sie das Skateboard auf die Standfläche, also mit den Rädern nach oben. Das Gelände muß selbstverständlich eben sein.

Ausführung A:
Stellen Sie sich vor das Board. Schieben Sie dann Ihre beiden Fersen so nah wie möglich an die Räder. Mit einem leichten und raschen Absprung nach rückwärts nehmen Sie das Board mit, kippen es ein halbes Mal um seine Längsachse und versuchen, mit beiden Füßen auf dem Brett zu landen.

Ausführung B:
Stellen Sie sich hinter das umgekippte Board und schieben Sie die Schuhspitzen unter die Räder. Diesmal müssen Sie leicht nach vorne springen, das Brett wieder um eine halbe Drehung kippen und die Landung auf dem Brett versuchen.

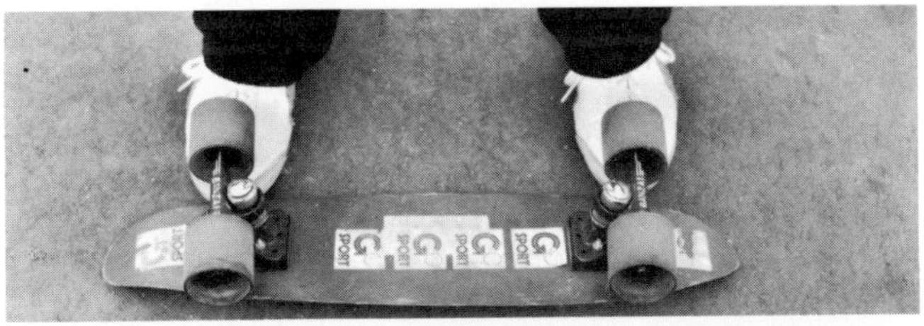

Ausführung C:
Stellen Sie sich wieder hinter das umgekippte Board, die Schuhspitzen unter den Rädern. Mit etwas mehr Schwung beim Hoch- und Vorwärtssprung drehen Sie das Brett eineinhalb mal und landen dann erst.

Ausführung D:
Ausgangsstellung wie bei B und C. Sie kippen springend das Board erst um eine Vierteldrehung, landen also zunächst auf den Rädern, und kippen es erst dann um eine weitere Vierteldrehung, so daß die Räder am Boden und Sie auf dem Brett stehen.

Sprünge von Board zu Board

Eine gute Vorübung ist das Springen von einem Brett auf ein anderes (Board-to-board-jump).

Voraussetzung:
Ebenes Gelände, flexible Bretter, Hilfestellung durch andere Fahrer beim Absprung bzw. bei der Landung. Stellen Sie das Brett, auf dem Sie landen wollen, in ausreichender Entfernung vor Ihrem Startplatz auf. Tragen Sie Handschuhe, Ellenbogen- und Knieschützer, evtl. einen Helm.

Ausführung:
Schieben Sie Ihr Startbrett in Geschwindigkeit und nehmen Sie eine lockere und ruhige Absprunghaltung ein. Die Knie sind leicht gebeugt. Wenn Ihr fahrendes Brett nahe genug an das stehende Brett herangekommen ist, springen Sie ohne Vorlage ab, um mit beiden Füßen gleichzeitig etwa im Mittelpunkt des Aufsprungbretts zu landen. Sie sollten dabei in Fahrtstellung aufkommen. Die Knie fangen federnd den Schwung ab, die Arme gleichen aus. Das verlassene Brett sollte unmittelbar nach dem Absprung stehenbleiben. Vermeiden Sie Vor- und auch Rücklage und nützen Sie den Schwung zu einer kurzen Weiterfahrt.
Wenn Ihnen der Absprung nicht geglückt ist, dürfen Sie in keinem Fall auf dem stehenden Brett landen, sondern nur neben ihm auf dem Boden.

Bemerkung:
Beginnen Sie zunächst mit kurzen Sprüngen und steigern Sie dann allmählich die Weite.

Weitsprung

Wer den Board-to-board-jump sicher beherrscht, kann daran gehen, Hindernisse springend zu überwinden. In Amerika ist der sog. Barrel-jump ausgesprochen populär: Der Skater überspringt dabei mehrere Fässer bzw. Tonnen (Barrels), um nach diesen Hindernissen auf einem stehenden Zweitbrett zu landen und damit weiterzufahren. Die Stars des Barrel-jumping schaffen ca. fünfzehn Fässer. Bei einem Faßdurchmesser von etwa 40 cm beträgt die Sprungweite also immerhin sechs Meter!

Wer sich im Weitsprung üben möchte, muß nicht unbedingt Fässer zur Verfügung haben. Im Grunde kann über jeden anderen Gegenstand gesprungen werden, sofern er nicht allzu hart und scharfkantig ist.

Entscheidend sind in jedem Fall

- sauberer Absprung
- exakte Landung
- angemessene Weite
- Schutzvorrichtungen

Darüber hinaus muß der Springer das Landebrett lange genug vor dem Absprung im Blickfeld haben. Die Hindernisse sollten es also nicht bis unmittelbar vor der Landung verdecken.

Hochsprung

Zwei grundlegende Übungen haben sich eingebürgert: der Hochsprung von einem Brett über das Hindernis mit Landung auf einem stehenden Zweitbrett (Ausführung A) bzw. der Hochsprung über das Hindernis mit Landung auf demselben (inzwischen unter dem Hindernis durchgerollten) Brett (Ausführung B).

Voraussetzung (Ausführung A):

Das Gelände ist leicht geneigt. Wählen Sie in keinem Fall ein starres Hindernis wie Mauer, Zaun o. ä. Geeignet sind in der Höhe verstellbare Hochsprunglatten oder übereinandergestellte Skateboards. Das Hindernis muß nachgeben, wenn man es nicht bewältigen kann. Wichtig ist, daß andere Skateboard-Fahrer dem jeweils Springenden während des Sprungs und besonders bei der Landung Hilfestellung geben können.

Das stehende Zweitbrett sollte möglichst stabil sowie flexibel sein und breite Achsen haben. Es steht in angemessener Entfernung hinter der Latte. Der Fahrer bestimmt selbst, wo es plaziert wird.
Tragen Sie Handschuhe, Knie- und Ellenbogenschützer!

Ausführung A:
Fahren Sie ruhig und konzentriert an. Springen Sie nur ab, wenn Sie einen exakten Anlauf fahren konnten. Andernfalls unterbrechen Sie den Anlauf, um neu zu starten. Anfänger neigen dazu, mit dem Absprung das Brett nach hinten wegzuschleudern. Entscheidend ist aber, daß das anfahrende Brett nach dem Absprung stehenbleibt. Erreicht werden kann dies durch einen lockeren Absprung, bei dem auch der Oberkörper aufrecht bleibt. Also keine Vorlage, sondern leichte Rücklage!
Gehen Sie nun bei der Anfahrt in die Hocke und schnellen Sie aus dieser zum Sprung empor. Beim Sprung über das Hindernis ziehen Sie die Beine bis zum Gesäß an. Landen Sie nur dann auf dem Zweitbrett, wenn Ihr Absprung sauber war. Sind Sie schlecht vom Brett weggekommen, landen Sie besser auf dem Boden. Eine verunglückte Landung auf dem stehenden Zweitbrett kann nicht ganz ungefährlich ausgehen.
Gut ist die Landung nur dann, wenn Sie so mit Ihren Füßen auf dem Brett aufkommen, daß Sie ohne große Gleichgewichtsprobleme mit dem Brett weiterfahren können.

Bemerkung:
Beginnen Sie mit niedriger Höhe und steigern Sie erst dann, wenn Sie die gerade festgelegte Höhe mehrmals hintereinander sicher bewältigt haben.

Voraussetzung (Ausführung B):
Absprung von und Landung auf ein und demselben Brett ist ein relativ schwieriges Manöver. Das Geheimnis liegt letztlich in einem sehr genauen Timing des gesamten Bewegungsablaufs. Diese Hochsprungvariante verlangt sehr viel Geschicklichkeit und fast noch mehr Übung.
Geeignet ist ebenes Gelände. Tragen Sie wiederum Handschuhe, Knie- und Ellenbogenschützer!

Ausführung B:
Fahren Sie wieder ruhig und konzentriert an. Der Anlauf wird sofort unterbrochen, wenn ein schlechter Absprung zu befürchten ist. Der Absprung ist so auszuführen, daß das Brett mit der ursprünglichen Geschwindigkeit ruhig weiterfährt. Er sollte möglichst nahe der Latte erfolgen.
Bei der Landung ist zu beachten: Nicht auf dem Brett, sondern lieber auf dem Boden landen, wenn der Sprung nicht sauber war und eine mißratene Landung auf dem Board bevorsteht!

Bemerkung:
Diese Hochsprungübung hat vor allem in Amerika begeisterte Anhänger; hierzulande gibt es noch relativ wenige, die diesen Trick perfekt beherrschen.

Sprünge auf dem Board

Auf dem Brett zu springen, setzt einige Geschicklichkeit, vor allem aber ein stabiles Board mit breiten Achsen voraus.

Ausführungen:
- Wechseln Sie im Sprung die Fußstellung.
- Springen Sie mit einer halben Körperdrehung.
- Versuchen Sie, im Sprung zu grätschen oder die Beine zu spreizen.

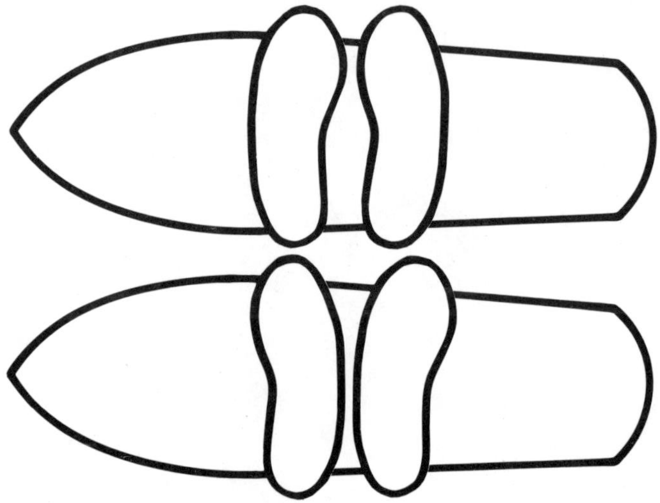

Mit einiger Phantasie werden Sie auch hier, ähnlich wie die Trickskifahrer, zu lustigen Figuren finden. Anfänger üben die Sprünge zuerst auf einem stehenden, später dann auch auf dem fahrenden Board. Mit einem Sprung vom Skateboard verschaffen sich die

Stars einen mitunter beachteten Abgang: beispielsweise durch eine Hechtrolle oder einen Salto. Unnötig zu sagen, daß derlei Übungen nur von wirklichen Könnern ausgeführt werden sollten, die die entsprechenden Tricks schon als Turner perfekt beherrschen. Und schließlich: Für Hechtrolle oder Salto brauchen Sie nicht nur Hilfestellung durch andere Skater, sondern auch eine weiche Wiese, besser noch einen Stapel Matten.

360-Grad-Drehung ohne Board

Hierbei handelt es sich um eine gesprungene Drehung ohne Brettkontakt aus dem Stand oder während der Fahrt.

Voraussetzung:
Wie bei allen Sprungübungen eignet sich besonders ein stabiles und elastisches Board.

Vorübung:
Versuchen Sie zunächst, eine halbe Drehung zu springen und wieder sicher auf dem Board zu landen. Ehe Sie die ganze Drehung auf dem Board wagen, versuchen Sie diese Übung auf festem Untergrund.

Ausführung:
Stellen Sie sich wie bei der „Grundstellung zwei" quer aufs Brett. Der Oberkörper ist aufrecht, die Arme werden seitlich weggestreckt, gehen Sie leicht in die Knie. Holen Sie nun mit den Armen Schwung und stoßen Sie sich aus der leichten Hocke zu einer ganzen Drehung (360 Grad) ab. Dabei leitet die Kopfdrehung den Bewegungsablauf ein, Beine und Körper ziehen nach. Entscheidend ist, daß Sie nach der Drehung möglichst wieder in der Grundstellung landen. Bei der unsauberen Landung schnappt Ihnen das Brett unter den Füßen weg.

Power-slide

Recht frei übersetzt meint diese Trickfigur einen „mächtigen Rutscher". Power-slides sind im Grunde sehr scharf gefahrene Kurven, nach denen Sie entweder in dieselbe Richtung zurückfahren, aus der Sie ursprünglich gekommen waren, oder nach einer 360-Grad-Drehung geradeaus weiterfahren.

Voraussetzung:
Um einen Power-slide exakt ausführen zu können, brauchen Sie ausreichend Geschwindigkeit. Tragen Sie Handschuhe und Ellenbogenschützer. Verwenden Sie ein Board mit Haftstreifen.

Ausführung A:
Gehen Sie während der Fahrt in die Hocke. Fassen Sie dann mit einer Hand seitlich (innen) auf den Boden und drücken Sie seitlich (außen) mit den Beinen auf die Hinterachse: Die Räder brechen aus, das Board dreht sich um 180 Grad, Sie richten sich auf und fahren weiter. Bei genügend Geschwindigkeit dreht sich das Board auch um 360 Grad. Die auf den Boden fassende Hand dient also quasi als Angelpunkt, um den Sie das Board drehen bzw. schleudern.

Ausführung B:
Versuchen Sie nun, mit einer Hand seitlich (außen) auf den Boden zu fassen und mit den Beinen seitlich (innen) auf die Hinterachse zu drücken.

Ausführung C:
Ausführung wie A, nur strecken Sie jetzt das äußere Bein seitlich vom Board weg.

Ausführung D:
Ausführung wie B, Sie strecken jetzt aber das innere Bein seitlich vom Board weg.

Bemerkungen:
Um den Angelpunkt zu verstärken, können Sie auch mit beiden Händen auf den Boden greifen. Allerdings ist es schwieriger, in dieser Stellung auf dem Brett das Gleichgewicht zu halten.
Eine andere Möglichkeit: Sie greifen (in Fahrtrichtung) mit der linken (Innen-) Hand auf den Boden, mit der rechten (Außen-) Hand fassen Sie Ihr Board und schleudern es zusammen mit dem Fußdruck um den Angelpunkt.
Greift eine Hand auf den Boden, spricht man von One-point-power-slide, greifen beide Hände auf den Boden, vom Two-point-power-slide. Welche Ausführung Sie auch immer fahren: Vergessen Sie beim Power-slide nie Ihre Handschuhe und Ellbogenschützer. Befestigen Sie ausreichend Haftstreifen auf Ihrem Board.

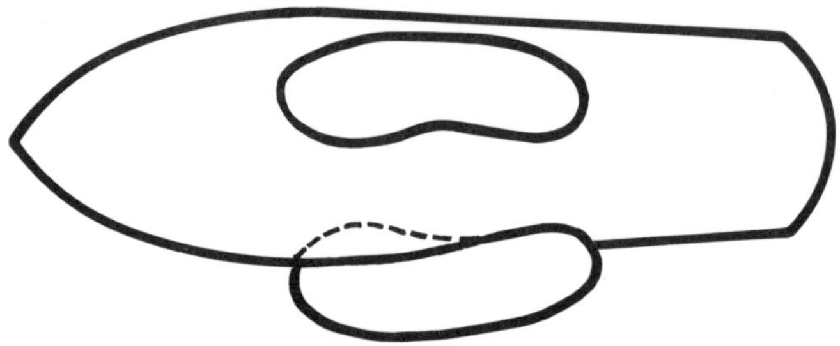

Kick-flip

Der Kick-flip ist eine 360-Grad-Drehung des Boards um seine Längsachse. Dieser Trick wird wieder erst im Stand geübt und später dann in der Fahrt ausgeführt.

Ausführung:
Die Füße stehen parallel in der Boardmitte. Ein Fuß wird mit der Innenseite an die Brettkante gelegt, wobei die Zehen unterhalb, die Ferse oberhalb des Boards liegen. Im Sprung drücken Sie nun das Board mit dem Standfuß nach unten, mit dem anderen ziehen Sie es gefühlvoll nach oben, so daß es eine ganze Drehung um die Längsachse macht. Der Sprung muß so ausgeführt werden, daß Sie auf dem Brett landen, sobald das Board wieder auf den Rädern steht.

Bemerkung:
Achten Sie darauf, daß das Board nicht gegen Ihre Knöchel schlägt, was sehr schmerzhaft sein kann. Um Verletzungen zu vermeiden, tragen Sie am besten Knöchelschoner oder hohe Turnschuhe, bis Sie den Bewegungsablauf erkannt haben und den Trick beherrschen.

L-Sitz

Der L-Sitz zählt wie der Handstand zu den sog. Hebeübungen. Sie erfordern vor allem Kraft. Auf dem Skateboard sind sie jedoch leichter auszuführen als auf festem Untergrund, da man durch leichten Druck auf die Achsen die Balance ausgleichen und damit halten kann.

Voraussetzung:
Leicht geneigtes Gelände, Handschuhe und Ellenbogenschutz.

Ausführung A:
Die Hände fassen das Board an den Enden. Die Arme sind gestreckt. Die Beine zeigen quer zur Fahrtrichtung. Der Oberkörper ist aufrecht. In dieser Stellung wird der Körper einige Zentimeter über das Board gestemmt.

Ausführung B:
Rollern Sie sich in Fahrt. Stellen Sie die Füße quer zur Fahrtrichtung auf die Brettmitte. Gehen Sie langsam in die Hocke und fassen Sie das Board mit den Händen an den Enden. Die Arme sind gestreckt. Strecken Sie nun nacheinander Ihre Beine aus der Hocke zum gestreckten L-Sitz.

Handstand

So verblüffend es auch klingen mag: Der Handstand ist auf dem fahrenden Skateboard leichter zu lernen als auf einem harten, unbeweglichen Untergrund. Dennoch: Wer den Handstand auf einer Turnmatte oder Wiese schon geübt hat und ihn beherrscht, kann diese Bewegung sehr rasch auf das Skateboard übertragen.

Voraussetzung:
Unbedingt Handschuhe und Ellenbogenschützer tragen. Das Gelände sollte anfangs nur leicht geneigt sein.

Ausführung A:
Beugen Sie sich quer über das Brett. Die Hände greifen Brettspitze und Brettende. Schieben Sie nun das Brett, seitlich nebenherlaufend, etwas in Fahrt. Wenn das Brett ausreichend Geschwindigkeit hat, stoßen Sie sich erst mit dem einen, dann mit dem anderen Fuß vom Boden ab, um sich voll in den Handstand zu schwingen.

Bemerkungen:
Im Handstand können auch Kurven gefahren werden. Die Hände drücken dabei das Board seitlich in die gewünschte Richtung.

Da der Handstandfahrer das Gelände nur bedingt einsehen kann, ist er in jedem Fall auf die Pistensicherung der Skateboard-Kameraden angewiesen. Also niemals alleine fahren!

Ausführung B: Stag-handstand
Der Stag-handstand unterscheidet sich von der Ausführung A nur durch die Beinhaltung.

Ausführung:
Im Hohlkreuz drücken Sie ein Bein nach hinten, das andere winkeln Sie an, so daß der Fuß am Knie aufliegt. Strecken Sie die Füße.

Handstand aus der Fahrt / Handstand-press

Dieser Handstand erfolgt nicht aus dem Anlauf heraus, sondern vom rollenden Brett. Die Schwierigkeit besteht darin, daß der Skateboard-Fahrer nicht den Schwung des Anlaufs ausnützen kann, sondern sich vom Brett in den Handstand drücken muß. Klar, daß diese Übung sehr viel Kraft kostet.

Ein klassischer Handstand, wenn man von der leichtsinnigen Ausrüstung absieht.

Voraussetzung:
Tragen Sie Handschuhe!

Ausführung:
Schieben Sie das Board in Fahrt. Stellen Sie sich nun quer darauf. Gehen Sie in die Hocke und fassen Sie das Board mit den Händen an den Enden. Die Arme sind gestreckt. Drücken Sie sich dann in den Handstand.

Handstandüberschlag

Voraussetzung:
Üben Sie den Handstandüberschlag ohne Brett auf einer weichen Matte und mit Hilfestellung. Erst wenn Sie ihn beherrschen, sollten Sie sich an diesen Trick wagen. Tragen Sie Handschuhe!

Ausführung:
Halten Sie das Board mit gestreckten Armen über dem Kopf. Die Hände fassen die Enden. Die Räder zeigen nach oben. Laufen Sie locker und schnell an und führen Sie den Handstandüberschlag aus. Lassen Sie sich Hilfestellung geben!

Kopfstand

Der Kopfstand auf dem fahrenden Skateboard ist nicht einfach. Das liegt nicht zuletzt daran, daß die Balance schwieriger zu halten ist, weil der Kopf nun mal keine sehr flächige Auflage ist. Ganz abgesehen davon ist das Board eine nicht gerade bequeme Auflage für einen Kopf.

Voraussetzung:
Ausgezeichnete Körperbeherrschung ist ebenso wichtig wie der sichere Kopfstand ohne Brett. Der Kopfstand wird in leicht geneigtem und vollkommen sauberem Gelände gefahren. Hilfestellung durch Begleitpersonen ist besonders anfangs immer notwendig. Handschuhe und Ellenbogenschützer anziehen!

Ausführung:
Beugen Sie sich von hinten über das Board. Die Hände fassen es seitlich etwa in der Mitte. Schieben Sie es mitlaufend etwas in Fahrt. Jetzt knien Sie sich in der Höhe der Hinterachse auf das Brett und plazieren Ihren Kopf über dem vorderen Achsenbereich. Kopf und Hände beschreiben in ihrer Lage etwa ein Dreieck. Heben Sie nun Ihre Beine aus der Kniestellung durch eine sanfte, kontrollierte, aber zügige Bewegung bis zur vollkommenen Streckung nach oben. Die Beine bleiben geschlossen. Die Bewegung ist so fließend auszuführen, daß der ruhige Lauf des Boards nicht gestört wird.

Kopfstand als Drei-Board-Trick.

Bemerkungen:
Der Kopfstand ist zweifelsohne nicht der Höhepunkt im Leben des Trick- bzw. Freestyleskaters. Die allermeisten und lustigsten Tricks werden nach wie vor stehend auf dem Brett ausgeführt. Wer es sich dennoch in den Kopf setzt, auf demselben zu fahren, kann kaum daran gehindert werden. Er sollte sich aber dessen bewußt sein, daß der Kopfstand eine gefährliche Übung ist, da man in dieser Körperhaltung keinen Überblick über die Pistenverhältnisse hat und die Balance leicht gestört werden kann.

Übungen zu zweit

Skateboard-Tricks zu zweit oder zu dritt auf einem oder mehreren Brettern erfreuen sich zunehmender Beliebtheit: Sie sind lustig, leicht zu lernen und entsprechen der Skateboard-Grundidee: Rollbrettfahren ist ein Gemeinschaftssport. Möglichkeiten gibt es schier unzählige. Beschränken wir uns hier auf wenige.

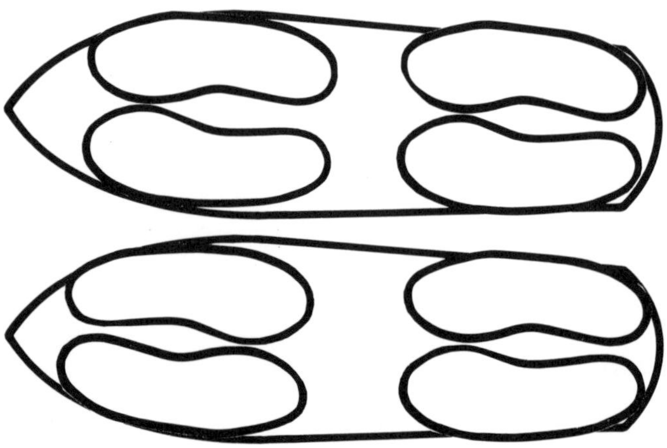

Warum nicht auch zu viert auf einem Brett?

Ausführung A:
Stellen Sie sich zu zweit hintereinander auf ein Brett. Balancieren Sie mit den Armen aus und vermeiden Sie Rücklage. Versuchen Sie, auch Kurven zu fahren.

Ausführung B:
Stellen Sie sich einander zugewandt auf das Brett. Halten Sie sich gegenseitig an den Armen fest und lehnen Sie sich etwas nach hinten. Auch auf diese Weise sind Kurvenfahrten möglich – sie verlangen jedoch ausgeprägtes Gleichgewichtsgefühl und gute Einstellung auf den Partner.

Ausführung C:
Stellen Sie sich hinten aufs Brett, Ihr Partner sitzt in der Hocke vorne. Fassen Sie ihn an den Händen oder Armen.

Ausführung D – Katamaran:
Dieser Trick macht insbesondere Kindern sehr viel Spaß, kann aber auch von allen „großen" Trickskatern gefahren werden. Setzen Sie sich Ihrem Partner gegenüber quer auf Ihr Brett, Abstand: etwa eine Beinlänge. Legen Sie Ihre Füße auf das Brett des Partners. Fassen Sie sich gegenseitig an den Händen. Der Partner legt seine Füße auf Ihr Brett. Fahren Sie nun eine leicht geneigte Strecke in Kurven hinunter: Sie verlagern Ihr Gewicht nach hinten, Ihr Partner beugt sich nach vorne Ihnen entgegen bzw. umgekehrt. Je deutlicher Sie die Gewichtsverlagerung vornehmen, desto enger werden die Kurven ausfallen. Dennoch: Beim Katamaran braucht man eine ausreichend breite Piste.

Ausführung E – Trimaran:
Was den Katamaranfahrern recht, ist den Trimaranisten nur billig: Sie fahren zu dritt. Zwei Fahrer postieren sich wie beschrieben zum Katamaran. Der dritte Skater mogelt sich mit seinem Brett zwischen die beiden und legt seine Beine auf die der anderen. Alle drei halten sich gegenseitig an den Händen bzw. Oberarmen fest. Kurvenfahren erfolgt wie beim Katamaran.

Lustig wird der Trimaran natürlich erst in geneigterem Gelände.

Der Phantasie des Skaters sind keine Grenzen gesetzt: Erlaubt ist, was gefällt.

Nur ein eingespieltes Duo kann diesen Balanceakt unbeschadet überstehen.

Tricks mit zwei oder mehr Skateboards

Ein begeisterter und geübter Trickskater gibt sich nicht mit Übungen zufrieden, für die man lediglich ein Brett benötigt. Freilich sind Tricks mit zwei und mehr Brettern letztlich auch eine Frage des Portemonnaies, denn zwei Boards sind schließlich keine sehr billige Anschaffung. Aber auch hier kann die schon erwähnte Kameradschaft unter den Skateboard-Fahrern helfen: Sie werden nicht lange nach einem zweiten Brett fragen müssen, man leiht es Ihnen gerne.

Zwei Möglichkeiten zeichnen sich ab:

- Tricks, bei denen jedes Bein auf einem eigenen Brett steht,
- Tricks, die auf einem Stapel von zwei oder mehr Skateboards ausgeführt werden.

Die Tricks der ersten Gruppe entsprechen in etwa denen, die man bereits auf einem Brett gelernt hat. Die nicht allzu große Schwierigkeit besteht lediglich darin, die Bewegungen zu koordinieren. Das heißt, die Bretter dürfen sich nicht selbständig machen, man muß sie synchron fahren. Dabei gilt: Das Körpergewicht gleichmäßig auf beide Bretter verteilen. Entscheidend ist natürlich, daß die zwei Bretter möglichst gleichartige Qualität und Fahreigenschaften haben.

Bei den übereinandergestapelten Brettern kommt es darauf an, sie mit den Händen zusammenzuhalten bzw. solche Brettypen zu wählen (z.B. Bretter mit Kicks), die schon durch ihre Form eine gewisse Stabilität gewährleisten.

Ausführung A – Four-wheeled-skiing:
Jedes Bein steht auf einem eigenen Brett. Versuchen Sie zunächst geradeaus, später dann auch sanfte Kurven zu fahren. Geeignet ist leicht geneigtes Gelände. Skifahrer tun sich hierbei besonders leicht, denn diese Übung ist nichts anderes als eine Abfahrt auf Skiern mit Rädern. Four-wheeled-skiing heißt demzufolge dieser Trick im Englischen.

Ausführung B – Daffy:
Der Daffy ist wohl der populärste Zwei-Brett-Trick. Er sieht etwas schwierig aus, ist aber leicht zu lernen. Plazieren Sie das zweite Brett in einiger Entfernung vor Ihrem Startplatz. Stellen Sie sich auf das Startbrett mit dem linken Fuß. Die Ferse liegt etwa über der Hinterachse. Schieben Sie sich mit dem rechten Fuß in Fahrt und steuern Sie auf das zweite Brett zu. Fahren Sie nun links an diesem Brett vorbei und nehmen Sie es so mit, daß Sie mit Ihrem rechten Fuß auf dem vorderen Bretteil stehen. Spreizen Sie jetzt die Beine wie bei einem großen Schritt und fahren Sie mit dem linken Fuß einen Tail-wheelie (auf das Brettende drücken), mit dem rechten Fuß einen Nose-wheelie (mit dem Fußballen leicht auf die Brettspitze drücken). Gehen Sie insgesamt in eine leichte Vorlage.

Bemerkungen:
Sie können natürlich auch mit dem rechten Fuß den Tail-wheelie und mit dem linken den Nose-wheelie fahren. Entscheidend ist nur, daß Sie mit dem vorderen Fuß den Tail-wheelie und mit dem hinteren den Nose-wheelie fahren: So erst ist es der klassische Daffy.

Ausführung C – Two-board-nose-wheelie:
Dieser Trick ist nichts anderes als die Fortsetzung des Two-foot-nose-wheelie – allerdings jetzt auf zwei Brettern.

Ausführung D – Two-nose-wheelie-daffy:
Wenn Sie bei der Ausführung C jetzt noch die Beine zu einem Ausfallschritt spreizen, fahren Sie den Two-nose-wheelie-daffy.

Ausführung E – Two-board-tail-wheelie:
Die Füße stehen wie beim Two-foot-tail-wheelie auf den hinteren Enden der beiden Bretter, die Brettspitze schwebt über dem Boden.

Ausführung F – Kneelie:
Diesmal knien Sie auf zwei parallel gestellten Brettern: Das linke Knie auf dem linken Brett, das rechte Knie auf dem rechten Brett. Wichtig ist, die beiden Bretter möglichst dicht beieinander zu halten. Tempo können Sie durch Anschieben mit den Händen, Kurven durch Gewichtsverlagerung nach links oder rechts erreichen.

Ausführung G – L-Sitz auf zwei Brettern:

Setzen Sie sich zwischen zwei Bretter. Stützen Sie sich mit Ihren Händen links und rechts auf den Brettern ab, strecken Sie die Füße (bei aufrechtem Oberkörper) waagerecht nach vorne und versuchen Sie sich mindestens bis auf Bretthöhe nach oben zu drücken.

Zahlreiche Variationen gibt es, wie gesagt, auch mit zwei oder mehreren übereinandergestellten Brettern.

Ausführung H – Fahren auf zwei Boards:

Voraussetzung:

Das untere Board sollte ein Kickboard sein, damit das obere Board ausreichend stabilisiert werden kann.

Ausführung:

Stellen Sie sich quer aufs Board. Versuchen Sie, mit den übereinandergestellten Boards Kurven zu fahren. Der Bewegungsablauf entspricht dem Kurvenfahren mit einem Brett.

ODS
skateboard
team
ODS

Bemerkungen:
Fortgeschrittene fahren auf den übereinandergestellten Boards auch den Nose-wheelie und andere Trickübungen. Letztlich hängt es von Phantasie und Können ab, welche Tricks Sie auf diesem Bretterstapel ausführen.

Ausführung I – Handstand:
Bewegungsablauf wie beim beschriebenen Handstand auf einem Brett. Stellen Sie jetzt zwei Bretter übereinander. Entscheidend ist hierbei, die beiden Bretter mit den Händen an den Enden zusammenzuhalten.

Bemerkungen:
Mit etwas Phantasie können Sie auf einem Bretterstapel auch verschiedene Knie- bzw. Sitzübungen ausprobieren. Mit Knieschützern knien Sie bequemer!

Handstand-daffy

Entgegen dem oben beschriebenen Daffy wird der Handstand-daffy mit den Armen bzw. mit den Händen ausgeführt. Dieser Trick ist als Standübung gedacht.

Voraussetzung:
Ebenes Gelände, zwei gleichartige Boards.

Vorübung:
Diesen Trick wird derjenige leichter lernen, der den Handstand auf festem Untergrund bzw. auf einem Skateboard bereits beherrscht.

Gummi-Mensch oder kurz vor bzw. nach einem Handstand-daffy?

Ausführung:
Stellen Sie zwei Boards im Abstand einer Schulterbreite hintereinander. Beugen Sie sich quer über die Boards. Die linke Hand faßt das vordere Brett am Ende, die rechte Hand die Brettspitze des hinteren Brettes. Drücken Sie nun das vordere Board in einen Tail-wheelie, das hintere Board in einen Nose-wheelie, während Sie sich in den Handstand schwingen. Lassen Sie sich Hilfestellung geben.

Bemerkung:
Profis beherrschen den Handstand-daffy auch während der Fahrt.

sarner ski
169
168

Skateboard-Wettbewerb

Fast jeder aktive Sportler – besonders, wenn er sich als Könner fühlt – drängt eines Tages danach, seine Leistung im Vergleich mit anderen zu messen. Skateboard-Fahrer machen da keine Ausnahme.
Die Bayern waren die ersten: Im Sommer 1976 veranstaltete der „Skateboard-Club Tegernseer Tal" die ersten bayerischen Meisterschaften. Was damals noch ein geruhsames, aber schon beachtetes Familienfest war, steigerte sich im Spätherbst desselben Jahres bei den „Ersten Nationalen Münchner Skateboard-Meisterschaften" zum sportlichen Ereignis. Mehrere Tausend Zuschauer verfolgten gespannt den Parallelslalom, waren Zeugen beachtlicher Hochsprungleistungen und manch gekonnter Freestylekür.
Skateboard-Wettbewerbe waren hierzulande, besonders für den Veranstalter, ausgesprochenes Neuland. Organisation, Durchführung und Bewertungsregeln mußten erst für die hiesige Skateboard-Szene konzipiert und in der Praxis erprobt werden. Nicht alle Richtlinien konnte und wollte man von den Amerikanern übernehmen. Mittlerweile haben bundesdeutsche Veranstalter aus den ersten Fehlern gelernt.

Die nachstehenden Hinweise, für Wettkampfteilnehmer wie Veranstalter gleichermaßen nützlich, beinhalten neben allgemeinen Tips die Regeln für die Disziplinen Parallelslalom, Hochsprung und Freestyle. Abfahrten sind nicht Programmpunkt von Wettbewerben, und dies aus gutem Grund: Die Verletzungsgefahr bei Abfahrten ist zu groß. Spektakuläre Stürze schaden ohne jeden Zweifel dem gesamten Skateboard-Sport.

Organisation

Es versteht sich von selbst, daß der Veranstalter das für einen Wettbewerb vorgesehene Gelände rechtzeitig von den zuständigen Behörden (Gemeinde- oder Stadtverwaltung, Amt für öffentliche Ordnung, Polizei u. a.) genehmigen läßt und deren Auflagen peinlich genau erfüllt.

Anmeldung:
- Jeder Teilnehmer bezahlt mit der Anmeldung ein Startgeld. Damit ist er gleichzeitig versichert.
- Mit der Anmeldung erkennt der Teilnehmer die Teilnahmebedingungen an.
- Die Anmeldung ist nur gültig, wenn genaue, vollständige und richtige Angaben über den Teilnehmer in die Meldeliste eingetragen werden.
- Der Anmeldeschluß ist einzuhalten.

Startliste:
- Starterlaubnis haben nur die in der Startliste aufgeführten Teilnehmer.
- Das Startgeld kann nicht zurückgegeben werden.
- Startlisten liegen bei der Startnummernausgabe aus.

Vor dem Wettkampf:
- Die Ausgabe der Startnummern erfolgt nach der Startliste.
- Ausgabeschluß ist 15 Minuten vor dem ersten Start.
- Startberechtigt ist nur, wer seine Startnummer erhalten hat.
- Alle Skateboards werden dahingehend überprüft, ob sie in fahrtüchtigem und sicherem Zustand und ob keine Hilfsmittel angebracht sind.
- Überprüfte und akzeptierte Skateboards werden mit einem Aufkleber versehen.
- Nach- oder Ummeldungen können nicht berücksichtigt werden.
- Der Start erfolgt nach laufenden Nummern.

Hinweis:
Wie der Veranstalter die Teilnehmer eingruppiert, bleibt ihm überlassen. Es bietet sich beispielsweise folgende Klassifizierung an:

Mini	9 Jahre und jünger
Schüler	10 bis 15 Jahre
Junioren	16 bis 18 Jahre
Erwachsene	18 und älter

Die Klassen können auch anders gestaffelt werden. Ausschlaggebend ist hierfür die aus den Anmeldelisten ersichtliche altersmäßige Zusammensetzung der Wettkämpfer. Grundsätzlich wird nach Geschlechtern getrennt gestartet.

Slalom

Drei Slalomarten wurden bei den bisherigen Wettbewerben durchgeführt: Standard-, Riesen- und Parallelslalom. Die Pisten sind unterschiedlich lang: Zwischen sechzig und etwa einhundert Meter beim Standard- bzw. Parallelslalom, während beispielsweise der Riesenslalom bei den Kalifornischen Meisterschaften 1975 immerhin 170 m lang war und eine langgezogene Kurve aufwies. Jene Angaben sind keineswegs bindend: Sie können, je nach dem zur Verfügung stehenden Gelände, entsprechend verlängert oder verkürzt werden.
Kein Slalom sollte auf steilem Gelände ausgetragen werden; fünf Grad Gefälle sind schon oberste Grenze, denn auch im Wettbewerb gilt: *Die Sicherheit der Teilnehmer ist wichtiger als alle Rekorde.*
Im folgenden werden am Beispiel des Parallelslaloms Organisation und Durchführung mit den entsprechenden Regeln verdeutlicht.

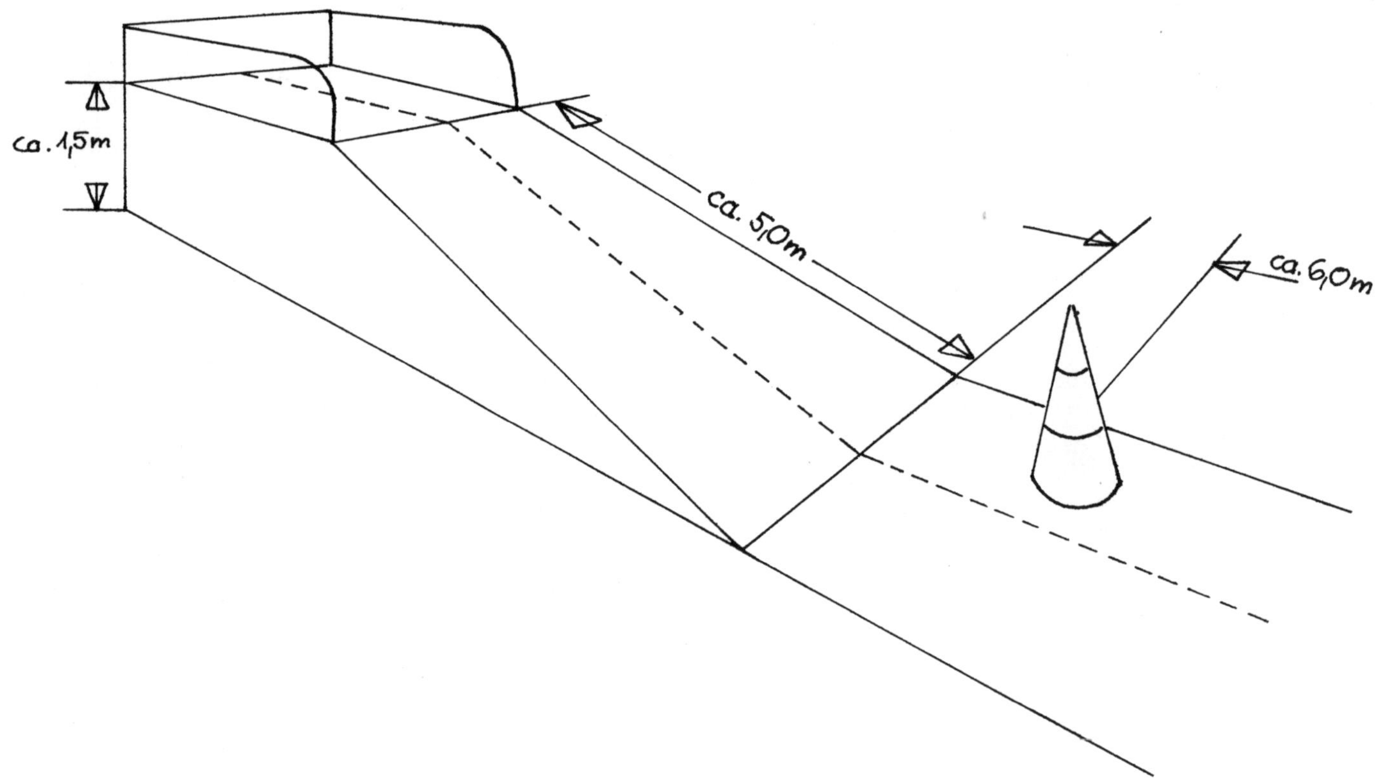
ca. 1,5m
ca. 5,0m
ca. 6,0m

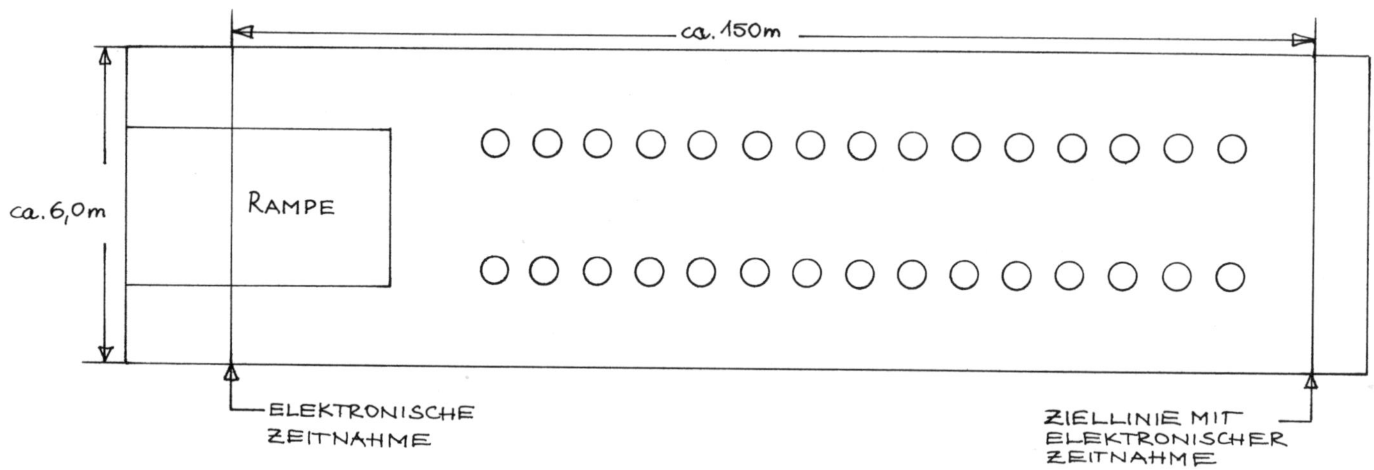
ca. 150m
ca. 6,0m
RAMPE
ELEKTRONISCHE ZEITNAHME
ZIELLINIE MIT ELEKTRONISCHER ZEITNAHME

Parallelslalom:

Piste

Länge: ca. 150 m
Breite: ca. 6 m
Gefälle ca. $3^1/_2$ Grad

Startrampe

Wo das Gelände keinen geeigneten Startbereich aufweist, sollte eine künstliche Startrampe gebaut werden.

Strecke

Auf den beiden Strecken des Parallelslaloms werden jeweils circa 40 Kegel (engl. cones) aufgestellt. Am besten eignen sich die für Straßenmarkierungsarbeiten verwendeten rot-weiß-gestreiften Kunststoffhütchen. Sie sind im einschlägigen Fachhandel erhältlich. Straßenbaumeistereien bzw. Beamte der Polizeistationen haben jedoch berechtigten Anlaß, einzuschreiten, wenn sie Veranstalter von Skateboard-Wettbewerben beim nächtlichen Hütchenklau auf

Straßenbaustellen ertappen. Der Standplatz der Kegel wird mit Kreide markiert: So läßt sich ein umgefahrener Kegel rasch wieder an seinem Platz aufstellen. Es hat sich als ausgesprochen vernünftig erwiesen, die seitlichen Begrenzungen der Slalompiste zum Schutz der Teilnehmer wie der Zuschauer mit Strohballen abzusichern.

Technisches Gerät

Elektrische Zeitnahme an Start und Ziel
zwei Lautsprecher an Start und Ziel
zwei Funksprechgeräte (für Starter und Zielrichter)
Besen zur Pistenreinigung
Kreide zur Kegelmarkierung
seitliche Absperrleinen
Startnummern
Strohballen

Personal
Zwei Starter
ein Zeitnehmer
ein Ansager
eine Schreibkraft
ein Kampfrichter im Ziel
ausreichend Ordner

Slalomregeln

a) Es finden zwei Läufe statt.
b) Beim zweiten Lauf wechseln die Läufer die Bahnen.
c) Die bessere Zeit zählt.
d) Bei Zeitgleichheit von zwei oder mehr Läufern entscheidet die Laufzeit des zweiten Durchgangs.
e) Disqualifikation bei
   - Auslassen von einem oder mehreren Kegeln
   - Anschieben zwischen Start- und Ziellinie
   - Behinderung des Mitfahrers
   - Betreten der Strecke außerhalb des Laufs
f) Der vom Mitfahrer Behinderte kann den Lauf wiederholen.
g) Bei Sturz kann weitergefahren werden.
h) Der Lauf ist nur gültig, wenn Fahrer und Board gleichzeitig durchs Ziel gehen.
i) Beendet ein Fahrer vorzeitig den Lauf, so hat er seine Startnummer bei der Zeitnahme am Ziel zu melden.

Hinweise:
Die bisher durchgeführten Skateboard-Veranstaltungen erfreuten sich großer Beliebtheit. Hundert und mehr gemeldete Starter waren keine Seltenheit: für die Organisation ein beachtliches Problem. Insofern ist rechtzeitig zu entscheiden und bekanntzugeben, ob der Parallelslalom an einem oder gegebenenfalls sogar an zwei Tagen ausgetragen wird. Unabhängig davon bietet sich folgende Wettbewerbsform an:

Eine ideale Startrampe; Absperrleinen sollten jedoch den Startraum freihalten.

- Die acht zeitschnellsten Slalomfahrer laufen im sog. *Viertelfinale* gegeneinander. Vier Läufer scheiden dabei aus.
- Die verbleibenden vier zeitschnellsten Fahrer bestreiten das sog. *Semifinale.* Dabei scheiden zwei Läufer aus.
- Im *Finallauf* wird schließlich der Gewinner des Parallelslaloms ermittelt.

Es hat sich als sinnvoll erwiesen, bei allen Slalomwettbewerben sämtlichen Teilnehmern das Tragen von Handschuhen zur Pflicht zu machen.
Das *Slalomboard* hat breite Achsen und mittelbreite Räder. Die Kontermutter ist so einzustellen, daß einerseits ausreichend Stabilität, aber auch genügend Drehfreudigkeit gewährleistet ist. Die Feineinstellung wird jeder Fahrer nach dem Training selber vornehmen können.

Für viele Skater eine kritische Stelle: der Übergang von Rampe auf Piste.

Hochsprung

Im folgenden wird davon ausgegangen, daß die Hochspringer auf einem Brett anfahren, um nach dem Sprung auf einem stehenden Zeitbrett zu landen. Die nachstehenden Regeln lassen sich jedoch auch auf die zweite Hochsprungmöglichkeit des durchrollenden Brettes anwenden.

Piste
Das Hochsprunggelände sollte nur minimal geneigt, etwa 20 Meter lang und 10 Meter breit sein.

Technisches Gerät
Sprunggerüst mit Querlatte, die bis zu einer Höhe von etwa 140 cm verstellbar ist; Breite etwa 150 cm.
Holzlatte zum Abbremsen des Anfahr-Skateboards
Aufsprung-Skateboard
Besen zur Pistenreinigung
Lautsprecher
Absperrleinen
Kreide

Personal
Zwei Hilfestellungen
eine Schreibkraft
ein Ansager
ein Kampfrichter
ausreichend Ordner

Hochsprungregeln
a) Die Mindesthöhe liegt bei 30 cm.
b) Jeder Teilnehmer hat bei jeder Höhe zwei Versuche.
c) Bei jedem Durchgang wird die Höhe um 10 cm gesteigert, bei Höhen über einem Meter um je 5 cm.
d) Die Anfahrt zum Sprunggerüst erfolgt mit dem eigenen Skateboard.

e) Das Aufsprung-Skateboard wird vom Veranstalter gestellt, kann aber auch selbst gewählt werden.
f) Nach der Landung muß mit dem Aufsprung-Skateboard noch zwei Meter weitergefahren werden. Erst dann ist der Sprung gültig.
g) Hilfestellung wird gegeben.

Beim Hochsprung sollte kein Skater auf Hilfestellung verzichten. Während eines Wettbewerbs sind Helfer links und rechts des Sprunggerüsts unerläßlich.

Freestyle

Beim Freestyle-Wettbewerb kommt es darauf an, daß der Teilnehmer innerhalb der vorgegebenen Zeit – wie beim Eiskunstlauf – einzelne Tricks zu einem originellen und ansprechenden Vortrag möglichst nahtlos aneinanderreiht. An Möglichkeiten, eine hübsche Kür vorzuführen, sollte es nicht mangeln, denn neben den bisher beschriebenen sind alle nur denkbaren und selbsterfundenen Tricks erlaubt.

Parcours

Das Freestyle-Gelände sollte eben und in den Abmessungen nicht kleiner als rund 15 mal 15 Meter sein. Jeder Teilnehmer hat für seine Kür 90 Sekunden Zeit. Er darf sich dabei bis zu vier Skateboards bedienen. Sollte es die Lautsprecheranlage zulassen, kann er nach der Musik seiner Wahl fahren. (Manche Skateboard-Fahrer machen sich davon unabhängig: Sie binden sich einen kleinen Kassettenrecorder an den Hosengürtel und hören via Kabel mit Kopfhörer.)

Technisches Gerät
Wertungstafeln
Absperrleinen
Lautsprecher
Besen
zwei Stoppuhren

Personal
Fünf Wertungsrichter
eine Schreibkraft
ein Ansager
ein Kampfrichter
ausreichend Ordner

Freestyle-Regeln

a) Die Wertung erfolgt nach vier Gesichtspunkten:
   - Brettbeherrschung (Schwierigkeitsgrad, Balance, Geschicklichkeit)
   - Anzahl der Tricks (Anzahl, Vielseitigkeit, Inhalt, Länge)
   - Stil (Flüssigkeit, Zusammenstellung, Aufbau, Form)
   - Originalität (Einzigartigkeit des Vortrags, der Tricks, der Ausführung)

b) Jeder dieser vier Gesichtspunkte macht ein Viertel (25%) des gesamten Bewertungsbereichs aus.

c) Die Wertung reicht von 0 bis 10 Punkte. Halbe Punkte sind möglich.

d) Die beste und die schlechteste Wertung werden gestrichen; die Gesamtwertung ergibt sich aus den Wertungen der drei verbleibenden Punktrichter.

e) Bei Punktgleichheit entscheidet die Gesamtsumme der fünf Wertungen.

Die Freestyle-Punktrichter sollten selbst aktive Fahrer sein, sich aber am Wettkampf nicht beteiligen.

Checkliste für die Veranstalter von Skateboard-Wettbewerben

Veranstaltung:
Datum:
Zeit:
Ort:

I. Vorbereitung

Schirmherr
Firmen
Kto.-Nr. für Veranstalter
Meldelisten auslegen

Werbung
Prospekte
Plakate
Werbe-Einteilung (Plan)
Anschreiben von Vereinen
Firmen-Stiftungen
Hörfunk, Fernsehen, Presse

Auszeichnungen
Angebote einholen
Stoffaufnäher entwerfen
Medaillen entwerfen
Pokale bestellen
Probeauszeichnungen versenden.

II. Organisation

Wettbewerbsdurchführungsbestimmungen

Wettbewerbszubehör
Startnummern
Plastikbegrenzungen
Besen
Absperrseile

Kreide
Strohballen
Kegel
Tee- und Traubenzuckerbestellung
Musikübertragung (Tonbänder usw.)
Start- und Zielbänder
Armbinden für Hilfspersonal (Werbetrikots)
Zeitmessung

Verträge
Mit Anliegern
Mit Eigentümern
Amt für Öffentliche Ordnung/Gemeinde- oder Stadtverwaltung
Polizeirevier verständigen
Sanitätsdienst
Verpflegungswagen
Versicherung

III. Durchführung

Startnummernausgabe
Plan der vorhandenen Helfer (Org.-Plan)
Essenbons für Helfer
Platz für Preisaufstellung
Treppchen für Siegerehrung
Ausschilderung der Zufahrtswege
Parkplatzausschilderung
Handmikrophon für Leitungsgehilfen
Platz für eigene Werbung zur nächsten Veranstaltung
Platz für vereinsfremde Werber
Teeausgabe (Kübel, heißes Wasser, Kellen, Becher)
Wertungslisten-Schnellabzug
Papierkörbe
Toiletten-Hinweisschilder
Abschilder- und Aufräumungskommando

Windskating

Die Frühmesse war gerade beendet. Die Kirchgänger schlurften in kleinen Gruppen von ihrem Gotteshaus die leicht geneigte Straße vom Kirchhügel hinunter. Die vordersten hatten den Scheitelpunkt der ersten Kurve noch nicht ganz erreicht, als sie verdutzt stehenbleiben und sich mehrmals die Augen reiben mußten. Und ehe sie sich, mit weitaufgerissenem Mund schier entgeistert anstarrend, so recht des Geschehens bewußt werden konnten, war der Spuk – und zwar bergauf – an ihnen schon wieder vorbeigehuscht.
Zugegeben: Gedankenversunkene Gottesdienstbesucher aus noch tiefer Andacht in einen neuen Traum zu reißen – derlei kommt in der Tat äußerst selten vor und sicherlich nicht in bewußt böser Absicht. Wann immer Ihnen dieser „Spuk" begegnen wird – es handelt sich um eine ausgesprochen irdisch-faßbare Angelegenheit, genaugenommen um eine neue Sportart. Ihr Name: Windskating. Um bei der Wahrheit zu bleiben: Im Grunde handelt es sich um zwei bereits bekannte Sportarten, nämlich um Windsurfing und Skateboard-Fahren. Das eine mit dem anderen kombiniert muß zwangsläufig einen neuen Begriff ergeben: eben Windskating.
Freilich sind es nicht viele, die diesem Sport frönen, und so mag das oben beschriebene Bild nur wenigen „vergönnt" sein. Begegnen aber kann Ihnen ein Windskate-Fahrer durchaus einmal, und bergauf rollen – das kann er ohne Übertreibung auch.

Gerät:

Windskater haben, wie gesagt, zwei Anleihen gemacht: Von den Windsurf-Kollegen nahmen sie Mast mit Segel und Gabelbaum, von den Skateboard-Fahrern gleich das ganze Brett. Als Segelausrüstung eignet sich die eines jeden Herstellers. Zwar kommen nach und nach spezielle Windskating-Segel auf den Markt, bewährt aber hat sich nach wie vor das Rigg des Windsurfboards.
Das Board des Windskaters muß mehrere Spezial-

eigenschaften aufweisen. Zunächst: Es sollte möglichst lang und schwer sein. Dann sind breite Achsen mit breiten Rädern (ca. 6 cm) wichtig, um die geforderte Bodenhaftung zu gewährleisten.
Eine gewisse Schwierigkeit besteht darin, den Mastfuß auf bzw. in dem Skateboard zu verankern. Pfiffige Bastler sind mittlerweile auf die unterschiedlichsten Konstruktionen gekommen. Eine hat sich als besonders sinnvoll erwiesen: ein Loch in das Board zu bohren, von unten eine etwa fünf Zentimeter lange zylindrische und unten offene Führung dagegenzuschrauben, um von oben den Mastfuß einlassen zu können. Variable Stellringe sorgen dafür, daß der Mastfuß nicht zu tief in der Führung versinkt. Der gelenkige Mastfuß wird also wie beim Windsurfboard im Skateboard verankert und behält somit seine Beweglichkeit bei. Voraussetzung für diese Konstruktion ist ein stabiles Skateboard (ideal: Aluminium), das das Anschrauben (vier Bohrungen) der Mastführung zuläßt.
Entscheidend ist, die Bohrung für den Mast so anzubringen, daß ausreichend Platz für den vorderen Fuß des Windskaters verbleibt. Sie sollte demzufolge etwa im vorderen Brettdrittel liegen. Die hinteren zwei Drittel müssen dem Windskater z. B. auf Vorwindkurs für beide Füße Platz bieten können. Schließlich sollte das Mastfußgelenk möglichst nahe am Skateboard liegen, um den Hebel zwischen Druckpunkt und Board gering zu halten.
Besonders für Anfänger empfiehlt sich ein Schleifschutz am Gabelbaumende, das mit dem Boden in Berührung kommt. Abriebfeste Schleifklötze aus Vulkulan haben sich hier besonders bewährt. Die Abschleifgefahr am Segel ist dagegen gering.
Ein Wort zu den Kosten: Wer das Rigg nicht von seiner Windsurfausrüstung übernehmen kann, muß für die komplette Neuanschaffung eines Windskaters (Skateboard, Rigg, Montage und Zubehör) mit etwa 800 Mark rechnen.

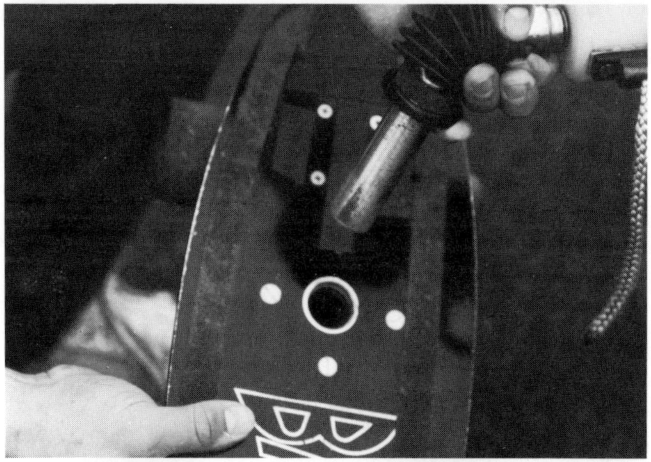

Ausrüstung:
Was für die Skateboard-Fahrer gilt (Helm, Handschuhe, Knie- und Ellenbogenschützer), sollten Windskater insbesondere ab Windstärke 3 berücksichtigen.

Technik:
Der Windskater hat zwar den Mast der Wasserbrettsurfer, nicht aber sämtliche seiner Eigenschaften übernommen. Durch Neigen des Mastes nach vorne oder hinten kann beim Windskaten keine Richtungsänderung erzielt werden. Die Steuerung des Windskaters ist also restlos unabhängig vom sogenannten Segeldruckpunkt. Kurven auslösen, also steuern, muß man den Windskater wie das „unaufgetakelte" Rollbrett durch seitliche Gewichtsverlagerung. Der wesentliche Unterschied besteht nun aber darin, daß man die Roll-Geschwindigkeit entscheidend beeinflussen kann. Das Segel dichtholen oder fieren (dem Winddruck nachgeben) erhöht oder vermindert die Geschwindigkeit.
Die beiden grundlegenden Windsurf-Manöver, nämlich wenden und halsen, sind auch auf dem Windskater möglich: Die Halse ist leichter auszuführen. Bei der Wende besteht die Schwierigkeit darin, daß der Skater beim Positionswechsel von einer zur anderen Boardseite kurze Zeit mit dem Rücken zur Fahrtrichtung steht und nur schwer die Balance halten kann.
Windskaten ist bereits ab Windstärke 2 möglich. „Interessant", so schwärmen Fortgeschrittene, „wird es erst ab Windstärke 3!" Empfohlen wird dieser Sport bis Windstärke 5, bei Starkwind wird davon abgeraten. Wer bei 70 Stundenkilometern, die beim Windskaten schon erzielt wurden, die Beherrschung über sein rollendes Segelbrett verliert, dürfte nicht mehr mit leichteren Hautabschürfungen davonkommen. Besonnenheit und Vorsicht sind also geboten. Das Sturzrisiko ist dennoch geringer als beim Windsurfen: Wasser ist als „Revier" nun mal weniger stabil als Asphalt. Bei plötzlichem Windausfall, den die Surfer scheuen, gleicht das Board des Windskaters die Sturzgefahr durch eine Gegenbewegung fast gänzlich aus. Wenn Windskater aber doch einmal die Balance verlieren, dann freilich bekommen sie den harten Asphalt deutlich zu spüren.

Revier:
Das Normalrevier der Windskater sind beileibe nicht die oben beschriebenen Kirchhügel. Häufiger trifft man sie schon auf den großen, ebenen Parkplätzen der Verbrauchermärkte am Stadtrand, auf asphaltierten Sportplätzen oder für den öffentlichen Verkehr gesperrten Straßen. Sich als Windskater unter andere Verkehrsteilnehmer zu mischen, ist völlig zu recht verboten.
In ebendieser weitverbreiteten Schwierigkeit, ein geeignetes Revier zu finden, wird Windskating auch seine Begrenzung finden, ein breiter Modesport wird es nicht werden. Wenn es den Windsurfern die Gewässer zufriert und Rollbrett-Fans keine passende Piste finden, kann Windskating die einzige Alternative nicht bleiben, auch wenn sie auf Anhieb recht elegant und attraktiv erscheint.

Ausblick: Skateboardfahren – wohin?

Wohin Skateboarding rollern wird – niemand vermag es derzeit exakt vorherzusagen. Einig ist man sich jedoch in der Prognose: Es steht erst am Anfang seiner Zukunft. Zwar hat die erste Welle unerwartet viele Interessenten erfaßt – noch längst aber ist der Höhepunkt nicht erreicht. Wie auch immer: Die Chancen, daß sich Skateboard-Fahren als eigenständige Sportart, als beliebter Massen- bzw. Modesport auf breiter Ebene weiter durchsetzen wird, sind jedenfalls äußerst günstig. Verbesserte Materialien und ausgereifte Technologien werden die Möglichkeiten auf und mit dem Brett ohne jeden Zweifel erweitern: Regenreifen, Sprungachsen, Einzelradaufhängung und verstellbare Achsen auf Gleitschienen sind keine Skateboard-Träumereien. Mit neuen Werkstoffen und verfeinerten Bauelementen steigt auch das Leistungsniveau der Fahrer, wächst die Vielfalt an Möglichkeiten, erhöhen sich Spaß und Freude. Nicht zuletzt machen sie den Sport sicherer. Aber nicht nur die Board-, Achsen- und Radentwicklung, sondern vor allem die breite Masse der Fahrer selbst wird den Sport abstützen und somit seine Zukunft entscheidend beeinflussen. Zigtausend Skateboard-Anhänger – begeisterte Fans, vergnügte Freizeitflitzer, aktive Trimmer und Wettkämpfer – sind weder zu übersehen noch zu überhören. Sie liefern auch die Argumente dafür, daß Überlegungen hinsichtlich Skateboard-Parks anzustellen sind, speziellen Geländen mit vielfältigen Skateboard-Möglichkeiten: betonierten Pisten mit Hügeln und Tälern, überhöhten Kurven, Sprungschanzen, flachem Gelände und sicherem Anfängerrevier. Hier kann man sich in sämtlichen Tricks und Disziplinen austoben – hier schlägt das Herz eines jeden Skateboard-Fahrers höher. Amerika kennt jene Parks seit ein paar Jahren, laufend werden weitere geplant und gebaut. Entscheidend: Skateboard-Parks holen die Fahrer weg von Gehsteigen, Straßen und öffentlichen Plätzen und bieten ihnen ein attraktives, sinnvolles und sicheres Gelände. Hierzulande scheinen Parks noch eine Frage der Zeit und natürlich auch der Finanzierung zu sein. Der Notwendigkeit ist man sich zumindest bewußt, Motto: Was anderen Sportarten recht ist, muß dem Skateboard-Fahren billig sein. „Stellen Sie sich vor", so hieß es denn auch in einer amerikanischen Skateboard-Veröffentlichung sinngemäß, „20 Millionen Tennisspieler hätten keinen Tennisplatz!" 20 Millionen Skateboard-Fahrer rollern freilich noch nicht in hiesigen Breiten, aber schon ein geringer Bruchteil dieser Anzahl hat ein Recht auf ein entsprechendes Trainingsgelände.

Die Zukunft des Sports hängt freilich auch vom einzelnen Fahrer ab. Umsicht und Rücksicht, das heißt sicherheitsbewußtes Fahren eines jeden einzelnen ist die beste Gewähr für eine Weiterentwicklung ohne verbindliche Reglementierungen oder Eingriffe. Ein Paar wenige spektakuläre Unfälle, verursacht durch Fahrlässigkeit oder Leichtsinn, könnten die herrliche Freiheit des Skateboard-Fahrens ernstlich gefährden. Der verantwortungsvolle Sportler ist sich dessen bewußt. Er wird alles daransetzen, seinem Sport jene Freiheit zu erhalten.

Skateboard-Fahren: Ein freier Sport – sportliche Freiheit, Lebensfreude!

Stichwortverzeichnis

Allroundbrett	Skateboard mit vielseitigen Eigenschaften, für alle Disziplinen geeignet
Asphalt-Surfing	Scherzhafte Bezeichnung für Skateboard-Fahren, in Anlehnung an die (Wasser-)Brettsurfer, die das Skateboard entwickelt haben
Asphalt-Wedler	Scherzhaft für Skateboard-Fahren
Barrel-jump	Weitsprung über Fässer
Board	Brett, Basis, Standfläche, Blank
Board-mount	Aufsteigen auf ein Skateboard
Board-pickup	Aufheben eines Skateboards
Board-to-board-jump	Sprung von einem auf ein anderes Skateboard
Christie	Gehockte Seitwaage während der Kurvenfahrt
Coffin	Wörtl. Sarg; Liegeübung auf dem Rücken, die Hände werden über der Brust gefaltet
Cutaway	Brettform, bei der das Board im Bewegungsfeld der Räder ausgeschnitten ist
Daffy	Trick auf zwei Boards, bei dem das vordere Brett vorne und das hintere Brett hinten hochgedrückt wird
Doppelkick-board	Skateboard, das vorne und hinten hochgebogen ist
Downhill(skating)	Abfahrt
End-over	Mehrere 180-Grad-Drehungen nacheinander um Vorder- und Hinterachse
Four-wheeled-skiing	Fahren auf zwei Skateboards nebeneinander

Freestyle	Sammelbegriff für alle Trickübungen
Freestyle-Skater	Skateboard-Fahrer, der Trickübungen ausführt
Handstand-daffy	Handstand auf zwei Skateboards, bei dem das linke Brett vorne und das rechte Brett hinten hochgedrückt wird
Handstand-press	Handstand vom fahrenden Brett
Hang-five	Gleichgewichtsübung, bei der ein Fuß an der Brettspitze steht
Hang-ten	Gleichgewichtsübung, bei der beide Füße an der Brettspitze nebeneinander stehen
Jetten	Beschleunigen auf ebener Fläche (Kickturning, Tick-tacking)
Katamaran	Übung zu zweit, bei der die Fahrer auf dem Board sitzen und die Füße auf das Board des Partners stellen
Kickboard	Skateboard, das an einem Ende aufgebogen ist
Kick-flip	Drehung des Skateboards um die Längsachse
Kicktail	Das aufgebogene hintere Ende eines Skateboards
Kickturning	Beschleunigen auf ebener Fläche (Tick-tacking, Jetten)
Kneelie	Kniendes Fahren auf dem Skateboard
Laminat	Schichtung von Holz und Fiberglas
One-foot-nose-	Trick mit einem Bein auf dem
wheelie	Skateboard, das nur auf den Hinterrädern gefahren wird
One-point-power-slide	Scharf gefahrene Schleuderkurve, bei der mit einer Hand auf den Boden gefaßt wird
Plank	Brett, Board, Basis, Standfläche
Power-slide	Scharf gefahrene Schleuderkurve
Self-made-board	Skateboard, aus Einzelteilen selbst zusammengesetzt
Skateboard-Park	Spezielles Gelände für Skateboard-Fahrer
Skater	Skateboard-Fahrer
Space-walk	Beschleunigen nur auf Hinterrädern
Squat-nose-wheelie	Trick auf den beiden Vorderrädern, wobei der Fahrer in die Hocke geht und sich wieder aufrichtet
Stag-handstand	Handstand auf dem Skateboard mit besonderer Beinhaltung
Tick-tacking	Beschleunigen auf ebener Fläche (Kickturning, Jetten)
Trickskater	Skateboard-Fahrer, der Trickübungen ausführt
Trimaran	Skateboard-Übung zu Dritt, in Fortsetzung des Katamarans
Truck	Achse, Achsaufhängung
Two-board-nose-wheelie	Trick auf zwei Skateboards nebeneinander, die auf den Vorderrädern gefahren werden
Two-board-tail-wheelie	Trick auf zwei Skateboards nebeneinander, die nur auf den Hinterrädern gefahren werden

Two-foot-nose-wheelie	Trick nur auf den Vorderrädern des Skateboards, wobei die Füße auf der Brettspitze stehen
Two-foot-tail-wheelie	Trick nur auf den Hinterrädern des Skateboards, wobei die Füße auf dem Brettende stehen
Two-nose-wheelie-daffy	Trick auf zwei Skateboards, bei dem beide Boards um eine Schrittlänge versetzt nur auf den Vorderrädern gefahren werden
Two-point-power slide	Scharf gefahrene Schleuderkurve, bei der mit beiden Händen auf den Boden gefaßt wird
Urethan	Werkstoff zur Radherstellung
Vulkulan	Werkstoff zur Herstellung abriebfester Schleifklötze für das Gabelbaumende des Windskaters
Walk-the-dog	Trick mit Fußwechsel und 180-Grad-Drehungen um Vorder- und Hinterachse
Wheel	Rad
Wheelie	Trick auf nur zwei Rädern, bei dem ein Brettende hochgedrückt wird
Wheelie-stop	Bremsen, indem das Brettende auf den Boden gedrückt wird
Windskating	Sportart, die Windsurfing und Skateboard-Fahren vereint
Wrench	Skateboard-Schlüssel